Bild Nr. 1a

Bild Nr. 1b

Bild Nr. 1c

Dieses Buch
widme ich
meinem Bruder Ewald

ANGELIKA PÜRZER

Das Andachtsbild

Frömmigkeit im Wandel der Zeit

Die Deutsche Bibliothek – CIP-Einheitsaufnahme

Pürzer, Angelika:
Das Andachtsbild : Frömmigkeit im Wandel der Zeit /
Angelika Pürzer. - St. Ottilien : EOS-Verl., 1998
ISBN 3–88096–581–1

Das Andachtsbild

Frömmigkeit im Wandel der Zeit

Inhalt

Zur Entstehung des Buches

„Weißt Du, was ein Andachtsbild ist?“ wurde ich vor gut einem Jahr von einem Freund gefragt. „Das sind doch die Bilder, die wir früher im Gebetbuch hatten“, antwortete ich. „Hast Du wohl ein paar Beispiele für mich?“ „Klar, ich werde heute abend gleich nachschauen!“

Durch die Frage motiviert, machte ich mich sogleich ans Werk, fragte bei Freunden und Verwandten nach und interessierte mich für alles, was mit dem Andachtsbild zu tun hatte. Ich war selbst verblüfft, wie ich innerhalb kürzester Zeit einen „Schatz“ von circa eintausendfünfhundert Bildern zusammen hatte, aus dem Oberpfälzer Raum, aus dem ich herkomme, aus Altötting, Burghausen/Salzach, aus der Münchner Gegend und dem Würzburger Raum, außerdem in Kontakt mit Kirchenvertretern, „neomystischen“ „Herz-Jesu-“ oder „Herz-Mariens-“Gruppierungen und „Liebhabern“ von Andachtsbildern mit Sammelleidenschaft geriet. Nicht selten erlebte ich auch skeptische Neugier, wenn ich nach Bildern fragte: „Sind die Bilder wohl etwas wert?“ Erschütternd war auch die Tatsache, daß ein Teil der Bilder zufällig vor einigen Jahren aus einer Mülltonne gefischt wurde. Zufällig, aber auch mit einem Gespür für wertvolle Spuren aus unserer kulturellen, religiösen Geschichte!

Einerseits wertloser „Abfall“ der Geschichte, andererseits jedoch hochbezahltes Sammelgut!

All diese Erfahrungen werfen rückblickend ein Bild darauf, wie eine für mich bereits „tote“, liebe Erinnerung aus der Vergangenheit sich wiederbelebt, wenn nur ein aufmerksamer Blick darauf fällt. Am meisten jedoch fiel mir auf, daß die heutige Bedeutung und Funktion des Bildes gegenüber früher sehr eingeschränkt ist. Was war mit dem alten, kleinen Andachtsbild passiert? Diese Frage ließ mich nicht mehr los. Das Ergebnis meiner Frage liegt nun in Buchform vor. Aus dem umfangreichen Material heute verwendeter Bilder und solcher bis etwa Mitte letzten Jahrhunderts habe ich „typische“ Vertreter für meine Antworten herausgesucht. Meinen ganzen Gedanken und Beurteilungen liegt jedoch selbstverständlich der Erfahrungsschatz aus der gesamten Sammlung und zahlreichen persönlichen Gesprächen zugrunde.

Das Buch beruht auf eigenen Feldforschungen und Beschäftigung mit der zur Verfügung stehenden, relevanten Literatur über das kleine Andachtsbild, die zum Schluß aufgeführt ist. Für Ideen, Auskünfte, Rat und Tat bedanke ich mich u.a. ganz besonders bei Prof. Dr. Wolfhart Henckmann aus München, Herrn Zawadke, Pfarrer von St. Otto in Ottobrunn, Prof. DDr. Robert Bauer, Administrator der Hl. Kapelle Altötting im Ruhestand, dem Erzbischöflichen Ordinariat in München, Dr. Peter Steiner, Leiter des Diözesanmuseums in Freising und Walter Jüde aus München. Für die Zur-Verfügung-Stellung meines umfangreichen Bildmaterials schulde ich meinen Eltern, Frau Lina Hackner aus Freystadt/Oberpfalz, der Pfarrei St. Peter in München, ganz besonders Emmanuel Basler aus Burghausen und Petra Goß aus Kürn/Regensburg herzlichen Dank! Für die finanzielle Ermöglichung einer Drucklegung der zahlreichen farbigen Bildchen danke ich besonders meinen Eltern, für Layout-Beratung H. Thomas Abold und H. Andre Baschmakov!

Wie kann ich meine Kinder religiös erziehen? „Schenken Sie Ihren Kindern Heiligenbildchen!“ Dies antwortete eine Klosterschwester, eine Vinzentinerin, dem Vater von Antonius Löffler. Anschauliche Katechese also! Damit war für seinen Sohn der Keim zum Sammeln von Andachtsbildchen gelegt (Die Neue Bildpost, Nr.13, 30.3.1997, S.3).

Genügt dieser Ratschlag heute noch? Heute, wo junge Leute eher vorm Computer sitzen als in der Kirchenbank! Wo der Papst on-line im Internet zu erreichen ist! Wo die Begegnung mit

Christus via E-Mail: „http./www./vatican.de“ stattfinden kann oder auch auf einem Rap-Gottesdienst! Vielleicht war es ja so bei der Band Depeche Mode, die Heroin und Mammuttouren abschwor, seit sie 1993 ihr letztes Album „Songs of Faith and Devotion“ veröffentlichte (Zeitschrift Popcorn, Nr. 4, April 1997)! Vielleicht begegnete sie Christus als einem coolen Typen, als ernst zu nehmenden „Freund“ im Internet und wurde neugierig? Vielleicht war es so, wie ich auf nachfolgender Collage abzubilden versucht habe. Zu wünschen wäre es.

Gibt es überhaupt noch Andacht? Am Ende dieses Buches, das nicht so sehr eine „vollständige“, schon eher eine persönliche Beschäftigung mit Andacht in Bild und Text sein will, werde ich darauf meine Antwort geben. Die Antwort soll sich organisch aus dem vorher besprochenen geschichtlichen „Hintergrund“, den gezeigten Bildern in ihrer Formfülle, ihrem Motivreichtum und ihrer praktischen Bedeutung fürs religiöse und auch weltliche Leben und den zur Meditation anregenden Texten für den jeweiligen Leser individuell „entwickeln“. Meine Antwort im letzten Kapitel ist nur meine ureigenste „Lösung“!

TAFEL XXXVII

Bild Nr. 2

1. Geschichte des kleinen Andachtsbildes

Was ist das „kleine Andachtsbild?" Andacht kommt ethymologisch von „an-denken", „herandenken" her und bedeutet ein inniges An- und Gedenken an Etwas. Im 12. Jh., nach der cluniazensischen Kloster- und Glaubensreform, erhält Andacht den geistlichen Sinn, wonach Andacht als „hingebungsvolles Denken an die als gegenwärtig empfundene Gottheit mit dem Bestreben gilt, dieser möglichst nahe zu kommen, sie zu preisen und ihren Willen zu erfüllen" (Lexikon für Theologie und Kirche, 2. Aufl., 1957 ff). Adolf *Spamer* legte 1930 die umfangreichste Analyse der Herkunft, Entwicklung und der wirtschaftlichen, soziologischen und religiösen Verflechtungszusammenhänge im Laufe der „Geschichte" des Andachtsbildes vor. Der „Erfinder" der Andachtsbilder ist unbekannt. Doch hält es *Spamer* für sicher, daß diese in ihrer Frühzeit aus ihrem Begleittext losgelöste Miniaturen sind, die Andachts- und Gebetbücher schmückten:

„Der Wunsch, solche Darstellungen geliebter und wunderthätiger Heiliger, Szenen aus der Passion oder der biblischen Geschichte überhaupt, frommer Sinnbilder und Verbildlichungen aus dem Liebesleben der andächtigen Seele mit Gott, wie sie die Tafelbildmaler für Kirchen und Klöster, die Zeichner und Miniaturisten für die Andachtsbilder fertigten, ganz als eigen zu besitzen und sie nach Belieben im Gebetbuch bei sich zu tragen, rief sie ins Leben. Und es ist jene, in ihren letzten Tiefen aufgewühlte Zeit, die wir literarisch als die Blütezeit der deutschen Mystik, künstlerisch als die der Hochgotik bezeichnen, die uns auch zuerst das Einlegebildchen als Gegenstand frommer Betrachtung und Besinnlichkeit zeigt." (S.8)

Träger dieses Wunsches waren Heilige, die gegen Sittenverfall, Spielwut, Kleiderluxus und Ausschweifungen antraten, Klosterbrüder (Benediktiner) und Klosterschwestern (Karmeliterinnen, Dominikanerinnen, Birgittinen), die geistliche „Liebesgaben", wertvolle Kleinodien wie Pergamentspitzenbilder mit handgemalten Miniaturen, als Zeichen der Verehrung oder des Dankes an geistliche Freunde herstellten. Diese „persönliche" Note des kleinen Andachtsbildes zeigt sich auch in *Aurenhammers* Definition, der unter ihm „jedes mobile, künstlerisch primär nicht in dekorativem, funktionell nicht im liturgischen Zusammenhang stehende Bildwerk" versteht, „das vermöge seiner ikonographischen Bedeutung Gegenstand oder integrierender Bestandteil von 'Andacht' ist." (Aus: Gisela *Luther*, „Sinnlichkeit und Heilserwartung", S. 29). Ein persönliches Einlegebildchen, das zur andächtigen Begegnung mit Gott anregen soll also!

Um diese zu ermöglichen, ist eine „Arbeit" am eigenen Herzen erforderlich. Wie wörtlich dieses Anliegen verstanden werden kann, zeigen die Abbildungen (aus dem Buch *Spamers*), auf denen die „Arbeit Jesu" am menschlichen Herzen gezeigt wird: Dieses wird gesäubert, bevor Jesus anklopfen kann, zurechtgeschliffen und letztendlich gewogen: „Die Wag das beste Urteil fällt, wie es mit deiner Lieb bestellt." (**Bilder Nr. 2**, Tafeln XXXVII und XXXVIII). Die Seele in ihrem glühenden Liebesverlangen nach dem Christus-Kind, der „Ewigen Weisheit", ist der Nährboden, auf dem im 14. Jh. dem Wunsch nach geistlicher Reinheit, Befreiung der im Körper und Diesseits „gefesselten" Seele und einem Aufstieg zu Tugend und Frömmigkeit zusammen mit allen „mütterlichen" Ausschmückungen mitfühlender Nonnenherzen Gestalt verliehen wurde. Die „geistliche Stiege", im Traum erblickt, ist die mystische Vision, die, *„getragen von einer bald chiliastisch bewegten, bald humanitär vertieften religiösen Krise breiter*

Spamer, Andachtsbild.

Bild Nr. 2

Bürgerkreise und durchglüht von der Inbrunst frauenklösterlichen Gefühlslebens noch heute in unserem volkstümlichen Schrift- und Bildtum nicht völlig erloschen" ist, wie *Spamer* sehr richtig feststellt (S. 8), eher wieder aufflammt. *Purgatio, illuminatio und unio*, d.h. *Reinigung, Erleuchtung und Vereinigung* des menschlichen Herzens mit Gott stehen im Zentrum der Andacht nicht nur der Karmeliterinnen ..., der Brüder vom gemeinsamen Leben, der Benediktiner oder der prophetischen Visionärinnen und Visionäre, sondern auch der Reevangelisierungsversuche des *Ignatius von Loyola*, der mit allegorischen Herzdarstellungen im 16. Jh. einen verlorengegangenen religiösen Universalismus wiederherstellen wollte. Einen „Nachfolger" dieser jesuitischen Neomystik bildet mein französisches Stanzspitzenbild mit dem abgebildeten „Ziel des Menschen": *„Ist das Herz Jesu Allen geöffnet und wir gelangen dahin durch das Herz Mariae unserer Mutter.*" Das riesige, bekrönte und blutende Herz Jesu öffnet sich für jeden Gläubigen, der andächtig darum betet und bittet (**Bild Nr. 3**, Geschlossen und aufgeschlagen, Katholisches Verlagshaus L. Turgis, 60, Rue des Ecoles, Paris, 19. Jh.).

Herzmeditation ist ein Stufenweg zur „Erwärmung" und „Erleuchtung" des menschlichen Herzens, ein allmähliches Wachsen des verborgenen „Menschen im Herzen", wie Alfons *Rosenberg* (S.95) schön ausdrückt. Das Herz ist nach mystischer Tradition der Sitz von Erkenntnis, Mut, Glauben und Liebe. Das menschliche Herz öffnet sich dem „Herzen Gottes" im geistlichen Akt der Selbstentäußerung oder im liebenden Ergriffensein, das das Herz verwundet und zugleich im Überfluß seiner ausströmenden Kräfte befreit. Das in der Hingabe verwundete Herz Jesu, Vor- und Urbild für das umzubildende, menschliche Herz, ist der Quellort, aus dem sich Ströme lebendigen Wassers, unerschöpflicher Weisheit und Liebe, ins Gemüt dessen ergießen, der sich in das Geheimnis Jesu versenkt. Diese verborgene „Schatzhöhle" ist ein hl. Schoß der Wiedergeburt. Sie wirkt aktiv umgestaltend auf den, der sich auf ihr Geheimnis einläßt. Im **Bild Nr. 3** wird sich die in Anbetung Mariens Versunkene der Mitte ihres eigenen Herzens bewußt. Durch das Horchen auf die persönliche Lebensmitte kehrt tiefe Ruhe und die innere Bereitschaft ein, die Konfrontation mit dem verwundeten Herzen Jesu und zugleich der eigenen Verletzbarkeit zu wagen. Erst in der Anverwandlung an die göttlichen Liebeskräfte geschieht die Befähigung, den Ort immerwährender Gnade, den Geist Gottes, zu schauen. In diesem Prozeß des Aufblühens der menschlichen Seele vollendet sich die Heilung und Wiederherstellung des ganzen Menschen. Die Meditierende kann ohne weitere Mühsal für dauernd im *geistigen* Zentrum des Herzens verweilen. Die Umwandlung des „somatischen" zum „pneumatischen" Menschen, von körperbetonter zur geistdurchwirkten Existenz, ist gelungen (Interpretation der Herz-Mystik nach Alfons *Rosenbergs* „Christliche Bildmeditation", S. 83 f.).

Dieser Hingabe- bzw. Unterwerfungscharakter (lat. *devotio*) hat wohl A. *Rosenberg* dazu veranlaßt, das Andachtsbild vom Meditationsbild zu trennen (S.29). Dem Andachtsbild fehle die Tiefe eines echten Meditationsbildes. Auch Romano *Guardini* betont persönliches Ringen und hoffnungsvolles Suchen als Sinn-Kern des Andachtsbildes im Gegensatz zum „Kultbild", bei dem ein ewiger, absoluter „Sinnkeim" göttlicher Wesenheit hervorscheine. Der Erlebnisgehalt des Andachtsbildchens speise sich aus dem Innenleben eines bestimmten Einzelnen, dessen Ringen und Suchen nach Erbauung und Trost: *„Es läßt ihn fühlen, daß er weiterkommen solle und könne. Es macht ihm das Chaos des Daseins gangbar und hilft zum Gehen." „Gott und meine Seele, sonst nichts"* bilden einen unmittelbaren Dialog (S. 15 f.). Persönliche Erfindungs- und Gestaltungskraft will

FÜR ALLE IST D S
RZ JESU GEÖFFNET
DAS ZIEL DES MENSCHEN.
Ist das Herz Jesu, Allen geöffnet und wir gelangen dahin
durch das Herz Mariae unserer Mutter.

FÜR ALLE IST DAS
HERZ JESU GEÖFFNET
DAS ZIEL DES MENSCHEN.
Ist das Herz Jesu, Allen geöffnet und wir gelangen dahin
durch das Herz Mariae unserer Mutter.

Bild Nr. 3

„ein Kunstwerk schaffen", phantasievoll ihr Herz ausdrücken. „Entartet" das Andachtsbild, so *Guardini*, gleite es ins Profane ab oder benütze Religiöses als Gegenstand persönlichen, sinnlichen Genusses, als Konsumgegenstand oder für persönliche Eitelkeit.

Religiöser Sinn und persönlicher Gebrauch des Herstellers und Benützers des Andachtsbildes, also ästhetische Aufnahme im geschichtlich bedingten kulturellen und wirtschaftlichen Wandel! Religiöse und ästhetische Bedeutung des Einlegebildchens erfuhren eine Gewichtsverschiebung. Das Andachtsbild öffnete sich in Form und Inhalt dem Phantasiereichtum menschlichen Gestaltungswillens, seinem Schmuck-Bedürfnis, seinem Wunsch nach Erinnerung an aufwühlende Erlebnisse. Die „Idee" eines Andachtsbildes strömte in alle Bereiche des kirchlichen und weltlichen Alltagslebens ein und „veränderte" dessen äußere Gestalt. Das Bild wurde zum Freundschaftsbildchen, Wallfahrtserinnerungsbild, Kommunionbildchen, Primizbild, Sterbebild, Andenken an Heilige, allgemeinen Gedenkbild an Namenstage, Gründungsfeste, Eintritte in Frauentugendbünde, Stifterpersönlichkeiten von Klöstern oder zur gezielten „Anleitung" fürs tägliche Leben und Gebet, *„Des Herzens tägliche Liebesarbeit"*. Es wurde als Amulett zur Abwehr von Krankheit und Unheil getragen oder als Schluckbildchen verzehrt und zum gegenreformatorischen und politischen Zweckbild für Erneuerung des katholischen Glaubens bis hin zum „Fleißbildchen" für besonders artige Kinder oder „Ankleidebildchen", also für spielerische und pädagogische Interessen „umfunktioniert". In Kapitel 4 dieses Buches werde ich auf diese Multifunktionalität zu sprechen kommen.

Auch der Stil erfuhr motivische Einflüsse orientalischer, altchristlicher und geistlich-mythologischer Art. Die Materialien und Ausfertigungen wurden im Barock, Rokoko und Biedermeier zunehmend spielerischer, dekorativer und einfallsreicher. Die Phantasie und die äußeren Einflüsse kannten keine Grenzen, der Einfallsreichtum umfaßte chinesische und japanische Schnittbilder, Schattenspielbilder, orientalische Lederschnitte, persische und türkische Ornamentbilder, Glimmerbildchen, Federmosaikbildchen, Seidenbilder, Applikationen, Stoffklebebilder, Spickelarbeiten, Stanzbilder, Stanzspitzenbilder, Hausenblasenbilder (aus der Blase des Hausenblasenfisches) oder Gelatinebilder. Aufkommende Freude an schönen, intensiven Farben, neue Geschmacksrichtungen aus Frankreich mit „süßlichen" Pastellfarben oder französischer „Eleganz" – je nach Sichtweise! –, aus England mit hellen und leichten Farben, Italien oder Prag eroberten Gefühl und Herz der Menschen.

Kaufbelege der Hl. Kapelle des Wallfahrtsortes Altötting belegen die ungeheuere Zunahme an Bildchen, die durch die wachsende Anzahl an Gnadenorten geschah. Im Jahre 1840 wurden allein 10.000 Bildchen an Altöttinger Pilger verschenkt. Der zunehmende Phantasie- und Gestaltungsreichtum ist daran ersichtlich, daß, wie bei Oliva *Wiebel-Fanderl* nachzulesen ist, die Bilder in mehreren hundert verschiedenen Formen zu kaufen waren. Allein die Firma Waldherr aus München bot 1915 den Altöttinger Devotionalienhändlern folgende 27 verschiedene Ausführungen von Altöttinger Wallfahrtsbildern an: Großes Muttergottesbild, Großes Altarbild vom Gnadenaltar, Großes Muttergottesbild im Prunkkleid der Kaiserin Amalie, Stadtplatz Altötting mit schwebender Madonna und Engerln, Inneres der Gnadenkapelle mit Kapuzinern, Inneres der Gnadenkapelle (Querbild), Votivtafeln im Innern der Kapelle, rechte Seite, Votivtafeln im Innern der Kapelle, linke Seite, Chor der Gnadenkapelle, Kreuzgang der Gnadenkapelle, Zusammengesetztes Gruppenbild der Gnadenkapelle, Gnadenbild mit Ampeln, Herz-Urnen der bayerischen Kurfürsten, Herz-Urnen der Könige, Herz-Urne Kaiser Karls VII., Urbild U. L. Frau von Altötting,

Prunk-Urne mit dem Herzen König Ludwigs II. von Bayern, Silber-Monument Kurfürst Max III., Gedenktafel für Einmauerung General Tillys Herz, Stadtplatz Altötting mit Münchner Wallfahrt, Hauptaltar der Franziskushauskapelle, Gnadenaltar U.L. Frau mit Ampeln, Gnadenaltar U.L. Frau, Inneres der Gnadenkapelle, Großes Muttergottesbild im bayerischen Kleid (Ölfarben) und Inneres der Gnadenkapelle (Querbild in Aquarall) (S.62 f.). Das Wallfahrtsbild war sowohl „Beweis“ der Pilger für die Daheimgebliebenen wie auch „Werbung“ für den Wallfahrtsort. Seit 1871 gibt es, besonders an Wallfahrtsorten, die Bildpostkarte!

Fortgeschrittene, druckgraphische Techniken ließen Holzschnitte, Kupferstiche, Lithographien, Stahlstiche, Prager „Goldprägebildchen“, Holzstiche, Bilddrucke und photographische Reproduktionen entstehen. Andachtsbilder wurden neben professionellen Bildmalern und Illuministen eine besondere Wirtschaftsquelle für „schwarz“, d.h. ohne Konzession arbeitende Frauen bis hin zu Großverlegern. Der Produzentenkreis verschob sich also von Nonnen und Miniaturisten hin zu „hauptberuflich“ und „nebenberuflich“ Arbeitenden. Inhaltlich wurde das Andachtsbild zum „Wegweiser“ für alle Belange kirchlichen und weltlichen Lebens. Das Andachtsbild als Massenware also, verlegt in großem Stil! Ende des 19. Jhs. zählte der Vorrat des Verlags *Poellath* in Schrobenhausen zwanzig Millionen Bilder. Ein umfangreicher Export ging nach Nord- und Südamerika.

Blieb der religiöse Gehalt und ästhetische Wert der Andachtsbilder bei dieser explosiven Entwicklung auf der Strecke?

Wesentliches Resultat von Adolf *Spamers* Untersuchung ist, daß die im großen Stil verlegte Massenproduktion das kleine Andachtsbild in den letzten drei Jahrhunderten für alle religiösen und weltlichen Zwecke mißbrauchte und zum billigen Konsumobjekt „verkommen“ ließ. Konkurrenz, Kostendruck und Gewinninteresse zwangen zur Herstellung preiswerter Bilder, hohe Auflagen und schneller Druck zerstörten die „Echtheit“ des Bildes. Aus ihrem ursprünglichen Begleittext herausgelöste Miniaturen, die Andachts- und Gebetsbücher schmückten, wurden zur maschinell verfertigten, privaten Liebhaberei, ohne religiösen Wert, ohne persönliche und religiöse Aura, zur bloßen „Habe“. Auf Marktgesetze reagierende Großverleger, die mit professionellen Künstlern zusammenarbeiteten, reagierten auf aufgeklärte, rationale Bürger und nutzten die Möglichkeit, Propaganda für staatliche und kirchliche Absichten in Geld umzusetzen. Zusammensetzung von „Versatzstücken“ von Motiven, Symbolüberfrachtung und ornamentale Ausschmückungen erzeugten „flache“ Bilder, die nur noch allgemeine Verehrung ausdrückten oder visionäre Schau vermittelten. Steht auch auf den älteren Bildern „mit oberhirtlicher Druckerlaubnis“, „cum appr. eccl.“ usw., gab es, wie heute, keine allgemeine „Kunst-Verordnungs-Politik“ seitens der Amts-Kirche, höchstens Empfehlungen, Bedenken oder Einwände in Predigten und öffentlichen Stellungnahmen durch Kirchenvertreter.

Vor allem für die heutige Kirche stellt sich diese „Kapitalisierung“ wesentlich als „Kitsch-“Problem dar. Die fromme Andachtsübung, zeitlich auf andauernde Einübung einer Gott liebenden Haltung ausgerichtet, mit ihrem festen „Ort“ im persönlichen Gebetbuch, wich einer sinnenfälligen Freude am dekorativen Bild. Sie wurde zunehmend instrumentalisiert, d.h. „überwuchert“ durch eine frömmelnd-pastorale Fürsorge, die einen bestimmten „Markt“ in Form einer kirchlichen Zielgruppe mit ähnlichem kulturellen und religiösen Standard zum pädagogischen Ziel hatte. Die bildbezogene Andacht wurde immer öfter durch einen Gebetstext unterstützt, der die freie Phantasie auf eine bestimmte Andachtsinterpretation einschränkte. Offiziell „reglementierte“ Andacht also! Religionspädagogische bis religions-politische, kunstgeschichtliche und machtpolitische Interessen wie auch einfach Vermittlung einer allgemeinen christlichen Lebenshaltung übernahmen zunehmend die Führung *vor* liebender, andächtiger Versenkung in einen religiösen Bildinhalt. Diesem formalen und inhaltlichen „Wandel“ gilt es im Kapitel „Andachtsbilder früher“ nachzuspüren.

Von vereinzelt kirchlichem „Widerstand“ gegen die Freude am bunten und allzu schönen Bild berichtet *Spamer* u.a. beim „Pariser Bilderstrom“, der bis Ende des 19. Jhs. schwarze und kolorierte Stahlstiche mit Stanzspitzenrändern, süßlicher Biedermeierei und allegorisch-emblematischen Darstellungen auf den deutschen Markt brachte. Führend waren hier die Verlage *Louis Turgis* oder *Bouasse-Lebel*. In letzterem Verlag ist der auf **Bild Nr. 1a** (Stanzspitzenbild, erste Seite) farblich-dekorative Weltenherrscher Jesus erschienen. Im Jahre 1862 bezeichnete das Kölner „Organ für christliche Kunst“ es *„als eine wahre Kalamität…, daß die französischen Spitzenbildchen mit ihren sinnlich süßen Darstellungen, mit ihren geistreich sein sollenden Allegorien, mit ihren leichtfertigen Tändeleien in den höchsten Glaubensgeheimnissen unserem deutschen Publikum soviel Vorliebe abzugewinnen wußten… Es sind Salon-Madonnen, Salon-Heilige, – ein ganzer Himmel voller Parfümerie.*“ (*Spamer*, S.267): Die durch die ausgeprägte Tiefenwirkung plastisch fühlbare „Erhöhung“ des Jesus-Kindes in Bild Nr. 1a unterstreicht die demutsvoll-andächtige Haltung der zwei betenden Mädchen im rosa und grünen Kleid. Vom aufgeschlagenen Gebetbuch aufschauend, nehmen sie den Segen des puppenhaft wirkenden Pantokrators mit goldenem Heiligenschein an. Inniger (oder kitschiger?) kann wohl der Ausdruck einer Jesu-Verehrung nicht mehr ausgedrückt werden. Die Stanzspitzenbilder **Nr. 4** und **Nr. 5** zeigen die „verlassene“ Seele am Fuße des Tabernakels mit dem Text: *„Mein betrübtes Herz vereint sich mit deinem Todeskampf im Oelgarten*“ (L. Turgis) und die auffliegende „Sehnsucht nach den göttlichen Willen“, das Leid des Kreuzes überwindend (Schwarz-weiß, ohne Verleger-Angabe).

Bild Nr. 4

Auch die **Bilder Nr. 6** und **Nr. 7** des Verlegers Carl *Poellath* aus Schrobenhausen stießen auf kirchliches Stirnrunzeln. So berichtet *Spamer* von einem Hirtenbrief des Regensburger Bischofs Antonius *von Henle* über Pflege christlicher Kunst aus dem Jahre 1913. Billige Schleuderarbeit und Versüßlichung stellten seiner Meinung nach eine feine Art von Verweltlichung des Religiösen dar. Doch päpstliche Empfehlung unterstützte die Arbeiten des seit den 80er Jahren kometenhaft aufsteigenden Großverlegers (S.273 f.).

Bild Nr. 5

Bild Nr. 6

Bild Nr. 7

Eine kirchliche Gegenreaktion bildete auch die *Nazarener*-Schule aus Rom, die in Düsseldorf ihre deutsche Hochblüte erlebte. Schlichte Holzschnittdrucke, Darstellungen gotischer Kunst des Mittelalters und Erweckung frühchristlicher Geistesformen, die an altgriechische und ägyptische Vorbilder gebunden waren, standen im Zentrum des Interesses, ohne subjektive Sentimentalität und „Anbiederung“ an den Volksgeschmack. Wir werden derartige Bilder von den bekannten, deutschen Malern wie z.B. Gebhard *Fugel* oder Ludwig *Seitz* kennenlernen. Doch scheiterte die „reine“ Durchführung gerade *am* „Volksgeschmack“:

„Doch scheiterten die Bestrebungen des Düsseldorfer Vereins, die breiten Volkskreise zu gewinnnen, an dem sich erneut verstärkenden Geschmack am bunten Bild ... So bilden sich im Kampf um die Reform des kleinen An-

dachtsbildes seit den 50er Jahren jene Schlagworte und Strebungen aus, die bis auf unsere Tage Klischee blieben.“ (Spamer, S. 264*)*

Die **Bilder Nr. 8, 9** und **10** zeigen hierfür Beispiele.

Bild Nr. 8 ist ein Bildchen in der Nachfolge der mystischen Klopf-an-Tradition des Herrn an das menschliche Herz:

„*Ich klopfe an,* – und steh' zum ersten Male
vor Eures Herzens stillem Kämmerlein!
O thut mir auf! – beim gold'nen *Morgestrahle*
Der *Jugendzeit*, Kind, – Jüngling, *lass mich ein!*
Ich klopfe an mit *Gnade* und mit *Segen*,
Mit *Glück* und *Heil* und *reiner Herzenslust*;
Durch *all' dies* möcht' *zur Lieb'* ich Euch bewegen,
O lasst mich *ein* und eilt an *meine Brust*!
...
Seid *ewig* mir *willkommen*! Tretet ein!
Cordula *Peregrina* (C. Wöhler)
Allein-Verlag von A. *Müller*, Innsbruck-München
(Auszug aus dem Text auf der Rückseite des Andachtsbildchens)

„Ein gutes Kind des Hauses Segen“ ist auf **Bild Nr. 9** beschworen. Dieser „Segen des Hauses“ bildet die idyllische Harmonie zwischen dem Zimmermann Josef, seinem gelehrigen Sohn und der das Spinnrad drehenden Mutter Maria im Hintergrund auf **Bild Nr. 10**. Beide Bilder sind Farbdrucke ohne weitere Angaben mit gezacktem Rand, „Mit oberh. Druckgenehmigung“ und Text aus dem Evangelium und einem Gedicht auf der Rückseite.

Kirchliche Einwände, aber Freude am bunten Bild, am verspielten und biblische Wahrheit einfach und symbolhaft ausdrückenden Bild beim Volk, beim Käufer oder Benutzer also! Wo liegt eigentlich der Widerspruch?

Bild Nr. 8

Richard *Egenter* geht in seinem Buch „Kitsch und Christenleben“ gleich so weit, dem bunten Bildchen die Schuld am Rückgang der Volksreligiosität zu geben: *„Die Herrschaft des Kitsches war im christlichen Leben der letzten hundert Jahre zeitweise eine fast totale“*, schreibt er. Und weiter: *„Sie war wohl ein nicht geringes Stück Schuld an dem Abfall der Massen von der Kirche.“* (S.9). Was zuerst als Widerspruch erscheint – die „Massen“ lieben doch bunte Bildchen! – wird deutlicher, wenn man hinterfrägt, was kirchlicherseits an den Bildern kritisiert wird, wovon ein „Abfall“ besteht. Wie wir sehen werden, ist es die „Zerstreuung“ andächtiger Konzentration auf Gott in äußerliche Zwecke aller Art, in spielerischen Genußreichtum, in eine Kon-

Bild Nr. 9

Bild Nr. 10

sumhaltung. Empfindungen ästhetischer Art ersetzen religiöse Empfindungen!

Zunehmenden Gebrauchsreichtum gleich als Verweltlichung und Verkitschung zu verstehen, bedeutet für Gisela *Luther* eine „inhaltliche Einengung" ohne die Chance wahrzunehmen, daß jetzt größere Bevölkerungsschichten und unterschiedliche Darstellungsmöglichkeiten zum Zuge kommen. Dies gilt besonders für die Verbreitung durch photographische Drucktechniken. Sie sieht gerade in der kulturindustriellen Massenproduktion die adäquate Form der Verbreitung des Andachtsbildes gegeben (in ihrem Fall der Verbreitung des Mariahilfbildes von Lucas *Cranach*). Dann wäre also gerade die konkrete Wirklichkeit der kulturellen Produktivität mit ihrer Möglichkeit, das Andachtsbild für alle religiösen und weltlichen Anlässe zu gebrauchen, die geglückte Form, wie es formal und inhaltlich eine den Zeitumständen angepaßte „Weiterentwicklung" erfahren hat. Lassen wir also das sogenannte Kitsch-Problem einfach mal zur Seite, bevor wir es später im passenden Zusammenhang aufgreifen.

Betrachten wir, wie Andachtsbilder heute in ihrer Form, ihren Funktionen, ihrer Motivik und dem Gebrauch ausschauen, wie sie sich gemäß heutigem, religiösen und kulturellen Verständnis „gewandelt" haben, worin der „Reiz" älterer Bilder lag, ob das Andachtsbild als „überflüssiges" Bild in unserer so bilderreichen Zeit vielleicht schon „überholt" ist und ob es nicht neue, kreative Formen als „Weiterentwicklung" geben könnte, die dem Andachtsbild wieder einen größeren Spielraum andächtiger Versenkung gibt und damit ein Bedürfnis der Menschen befriedigt, das in unserer „kalten" Zeit so präsent ist wie eh und je. Modern ausgedrückt, ob es nicht möglich wäre, den „ultimativen Kick", den sich schon 13-jährige Jugendliche heute im „Ekstasy-" Rausch holen wollen, auch in kirchlich-religiösen Ausdrucksformen zu finden, weil das Bedürfnis der Menschen nach einem lustvoll erlebten Wir-Gefühl nun mal nicht nur eine rein rationale und nüchterne Sache ist, wie sowohl neue Jugendbewegungen, berühmte Wallfahrtsorte und zunehmende Sektenbildungen wie auch (vorweihnachtlicher) Engelkult, Musik oder romantische Moden aller Art anschaulich aufzeigen. Hier ist natürlich auch jeder Gemeindepfarrer angesprochen, wie auch das kirchliche „placet" für die Bilder heute weniger im Sinne einer kirchlichen und an die Diözese gebundenen Approbation zu verstehen ist, sondern sich mehr nach dem Geschmack des jeweiligen Pfarrers richtet, der von einem Kunstverlag (Ettaler, Rottenburger *Ars Sacra*, Beuroner ...) Andachtsbilder bestellt oder auch lebendigere Formen bevorzugt, indem er vor allem Kindergottesdienste musikalisch und farbenfroh, spielerisch also, gestaltet.

Da sich die Bildmotive außer gewissen Schwerpunkten nicht den Anlässen gemäß zuordnen lassen – alle Bildmotive zu jedem Anlaß als geistliches Heilmittel für alle Bevölkerungsschichten städtischer und ländlicher Geschmacksrichtung! – gehe ich zuerst auf besonders gängige Funktionen des Andachtsbildgebrauchs ein und anschließend auf wichtige Bildmotive. Hier setze ich den neueren Bildern gleich die Wandlung gegenüber älteren Bildern entgegen, um die jeweiligen Schwerpunkte und die Gegensätze deutlicher heraustreten zu lassen. Wichtigste Fragerichtung ist, welche Momente ästhetischer, soziologischer, wirtschaftlicher und vor allem religiöser Art sich zeigen. Besonders beachtet werden sollen, außer dem speziellen Zweck des Bildes, der Phantasiereichtum der Ausgestaltung und dessen Auswirkungen auf den zentralen Gehalt biblischer Aussagen und christlichen Wahrheitsanspruchs, der Stil und die Produktionsverfahren. Dabei ist zu beachten, daß der angewendete „Maßbegriff" sich am heutigen, ja immer geschichtlich bestimmten Glaubens- und Frömmigkeitsverständnis orientiert. Im Vergleich mit „vergangenen", heute liebevoll als Antiquität gehandelten und vielfach als „kitschig" eingestuften Andachtsbildern, zeigt sich die Zeitlichkeit deutlich an der bevorzugten Bildaussage, am ausgedrückten Frömmigkeitsverständnis und am Nüchternheitsgrad und Flüchtigkeitscharakter bzw. der Sorgfalt und Innigkeit religiöser Bezogenheit in Material und Inhalt. Dieses aktuelle, „gewandelte" Frömmigkeitsverständnis gilt es zuerst kurz darzustellen.

2. Andachtsbilder heute und früher – Wandel im Frömmigkeitsverständnis?

Bevor wir uns den Andachtsbildern und der Analyse des Wandels der Andachtsbilder in Form und Inhalt zuwenden, müssen wir uns fragen, wann heute „beginnt" und früher „aufhört". Für den Sammlerblick ist sicher das dekorative, an Phantasiereichtum und materialer Ausschmückung wohl nicht mehr zu übertreffende Andachtsbild des 19. Jhs. und früher ein ästhetisches „Schmankerl", wie es in Museen zu bewundern und in Antiquitätenläden für teueres Geld zu kaufen ist. Dabei hat die „Sammlerwut" leider auch zur Vernichtung scheinbar „wertlosen" Materials beigetragen, weil dieses dem gängigen „Kunst"-Verständnis gerade nicht entsprach.

Der Andachtsübende ist ebenso in sein Zeitverständnis eingebunden. Das für die Kirche revolutionierendste Ereignis dieses Jahrhunderts bildete das 2. Vatikanische Konzil in den Jahren 1962–65, das grundlegende Reformen auf allen Gebieten kirchlichen Lebens hervorbrachte, Reformen, die sich schon Jahre zuvor im kirchlichen Leben – so auch im „ernsthafteren" Gebrauch der Andachtsbildchen – ankündigten. Ein Produkt dieser Reformen bildete der „Katechismus der katholischen Kirche", in dem auch auf die Ausdrucksformen, die das religiöse Leben der Kirche „fortsetzen", aber nicht „ersetzen", eingegangen wird. Gemeint sind die vielfältigen Formen religiösen Lebens, die das liturgische Leben der Kirche umgeben wie beispielsweise Reliquienverehrung, Aufsuchen von Heiligtümern, Wallfahrten, Prozessionen, (Kreuzweg-) Andachten, religiöse Tänze, Rosenkranz und Medaillen. Von diesen außerliturgischen Formen gläubiger Religiösität heißt es im neuen Katechismus:

„Die Religiosität des Volkes ist in ihrem Kern eine Ansammlung von Werten, die mit christlicher Weisheit auf die großen Existenzfragen Antwort gibt. Die katholische Volksweisheit hat eine Fähigkeit zur Lebenssynthese; so führt sie in schöpferischer Weise das Göttliche und das Menschliche, Christus und Maria, Geist und Leib, Gemeinschaft und Institution, Person und Gemeinschaft, Glauben und Vaterland, Verstand und Gefühl zusammen. Diese Weisheit ist ein christlicher Humanismus, der von Grund auf die Würde jeder Person als Kind Gottes bejaht, eine grundsätzliche Brüderlichkeit begründet, lehrt, der Natur zu begegnen und die Arbeit zu verstehen, und Gründe zur Freude und zum Humor, auch inmitten eines sehr harten Lebens bereitstellt. Diese Weisheit ist auch für das Volk ein Grundprinzip für sein Unterscheidungsvermögen, ein vom Evangelium getragener Instinkt, aufgrund dessen es spontan begreift, wann in der Kirche dem Evangelium gedient wird, und wann es ausgehöhlt und durch andere Interessen erstickt wird" (Dokument von Puebla, 448 f.).

Papst Johannes Paul II. hebt auch in seinem neuesten Buch „Geschenk und Geheimnis" Person-sein in Wort und Tat auf dem Boden einer festen Werte-Grundhaltung besonders hervor. Dieses Person-sein bedeutet im christlichen Leben Ein- und Ausübung einer festen „Wertantwort", die allen Anforderungen und Versuchungen gegenüber in Rat und Tat gegeben werden soll. Diese „Wertantwort" (nach dem Religionsphilosophen Dietrich *von Hildebrandt*) basiert auf christlichem Humanismus, der in Auseinandersetzung mit der eigenen Wert-„Blindheit" und Wert-„Taubheit" eingeübt werden muß. Grundsätzliche Frage muß sein: Wo liegen die Motive unserer Handlungen und vor allem der Behandlung unserer Mitmenschen? Erst wenn uns nicht mehr der eigene Nutzen fortreißt, sondern tätige Gottes- und damit zugleich Nächstenliebe als bewegender Grund unserer lebendigen Existenz in die Welt fortwirkt, ist die „ordo amoris", die göttliche Ordnung im Geiste der Liebe gegenwärtig, weilt liebende Ordnung in der real gewordenen Gestalt Jesu Christi „unter uns".

Dieses sichtbare Wirken Gottes in unserer Mitte als zentrale, christliche Botschaft gilt es zu erspüren, wenn sich der Gläubige auf Gott einläßt, sich ihm in der Andacht zu nähern versucht. So heißt es im Katechismus auch:

„Die Kirche ist darauf bedacht, die Volksfrömmigkeit durch das Licht des Glaubens zu erhellen; sie begünstigt diejenigen Formen, in denen sich ein dem Evangelium entsprechendes Gespür und eine menschliche Weisheit äußern und die das christliche Leben bereichern." (S.449).

Es wird hier schon deutlich, daß das Andachtsbild heute – entgegen einer früheren Definition (*Aurenhammer*) – funktionell bereits eng im liturgischen Zusammenhang steht, weil es inhaltlich der christlichen Lehre mit ihren zentralen kultischen Aussagen, den

Sakramenten und zehn Geboten verpflichtet ist. Christlicher Humanismus im Zeichen der Liebe und nicht phantasievolle bis phantastische Ausmalung und Angelobung an Christus im Bild also! Keine „Aushöhlung“ und „Erstickung“ durch andere Interessen, und sei es auch nur ein „Spieltrieb“. Damit entspricht dieses Bild-Verständnis durchaus dem heutigen, nüchtern-rationalen, intellektuellen Lebensverständnis mit einem gewissen „Leistungsdruck“!

Seit der Vereinheitlichung des Gebetbuches für alle Diözesen fällt auch das „persönliche“ Gebetbuch, das in die Kirche mitgenommen wird, weitgehend weg. Damit hat das Andachtsbild seinen festen „Ort“ verloren, weil der Gläubige sich ein in der Kirche aufliegendes Gebetbuch zur Benutzung holt und dieses nach dem Gottesdienst zurücklegt.

Bild Nr. 11

Wann und wie können die Gläubigen heute in ihrer inneren Bereitschaft, in ihrem „Herzen“ erfaßt werden bei rückläufigem Kirchenbesuch und „aufgeklärtem“, hauptsächlich medienbezogenen Interessensverhalten? Wann hat ein Bild überhaupt noch eine Funktion im kirchlichen Bereich und für das religiöse Leben, ohne daß es halt mitgenommen wird, weil's nichts kostet?

Welches sind die inhaltlichen Formen, die das tätige Wirken Gottes in allen tragischen und frohen Momenten im Bild anschaulich werden lassen? Schauen wir uns dazu an, welche Andachtsbilder im kirchlichen Leben heute „aktiv“ sind, welche Funktionen sie heute besonders übernehmen und was sie für den Einzelnen „aussagen“ sollen und können.

3. Andachtsbilder heute

Funktionen

Wenn wir uns anschauen, welches Sakrament heute das für das Andachtsbild „produktivste“ ist, ist als oberstes das zentrale religiöse Ereignis des österlichen Geheimnisses zu nennen:

Ostersakramente, Erste hl. Kommunion, Primiz

Für das österliche Geschehen werden heute bevorzugt Andachtsbilder ausgegeben. Dienten sie früher auch als „Beweis“ für die erfolgte Osterbeichte im Familien- und Verwandtenkreis, sind sie heute zur Erinnerung an das wichtigste Ereignis des Kirchenjahres gedacht. Die Motive umfassen alle Momente der Leidens- und Auferstehungsgeschichte des Herrn und biblische Motive:

Die Darstellung des Jesus Christus von Hermann *Eller* (**Bild Nr. 11**, Seelsorgeamt Regensburg 1996, Erhardi Druck, Nr. 1–96) zeigt den Schmerzensmann vor der dunklen Kulisse des Berges Golgotha. Auf der Innenseite des vierseitigen Bildes steht:

„... Aus diesem Licht heraus (des Berges Golgotha!) leuchtet das Antlitz des Herrn. Es taucht auf aus dem Dunkel des Weltalls. Noch deutlicher: Wenn Sonne, Mond und Sterne nicht mehr strahlen, leuchtet nur mehr das Gesicht Gottes ...“ (Martin Thurner)

„Im Tod ist das Leben“ soll die Photographie der Kreuzigungsgruppe der Stiftskirche von Innichen, um 1250, vermitteln (**Bild Nr. 12**, Verlag Ver sacrum, Rottenburg, Nr. 780 D).

„Die sieben Worte Jesu am Kreuz“ bilden den inwendigen Bildtext zu dem Bild des Gekreuzigten auf **Bild Nr. 13** (Roggenburg um 1500, Ver sacrum, Nr. 822 D):

„Vater, vergib Ihnen, denn sie wissen nicht, was sie tun..... 2. Heute noch wirst du mit mir im Paradies sein..... 3. Siehe, dein Sohn! Siehe, deine Mutter!..... 4. Mein Gott, mein Gott, warum hast du mich verlassen?..... 5. Mich dürstet..... 6. Es ist vollbracht..... 7. Vater, in deine Hände lege ich meinen Geist.....“
(Aus: „Kreuzfeier ..., Melodie: O Haupt voll Blut und Wunden ... GL Nr. 179)

„Christus und Magdalena“ zeigt das **Bild Nr. 14**, das zu Ostern 1994 von der St. Michaelskirche in München ausgegeben wurde. Das Bild ist ein Farbdruck aus dem Psalterium aus Dublin im 13. Jh. und stammt aus dem Kunstkatalog *Buchmalerei* des Buch-Kunstverlags *Ettal* (Nr. 671). Maria Magdalena ist eine der „umstrittensten“ Frauen der biblischen Geschichte. War sie die „Sünderin“, der von Jesus vergeben wurde, harrte sie als eine der wenigen unter dem Kreuze aus, war sie auch Kronzeugin der Auferstehung. Viele Spekulationen, auch frauenemanzipatorischer Art, ranken sich um dieses Thema, auf das ich im

Bild Nr. 12

Bild Nr. 13

Bild Nr. 14

Bild Nr. 15

Kapitel „Kitsch-Problem“ zurückkommen werde.

Ein Votivtaferl im Kapellrundgang zu Altötting vom 15.2.81, „Maria hat geholfen“, eine Photographie von DDr. R. *Bauer*, ist auf dem Erinnerungsbild zu Ostern, Altötting 1993, abgedruckt (**Bild Nr. 15**, Druck: Gebr. Geiselberger, Altötting). Ein Votivtaferl ist *„ein Zeugnis, daß Maria geholfen hat, oder eine Bitte um Hilfe, oder die Weihe, Anbefehlung einer Person oder Familie an die Muttergottes“*, wie *Bauer* in seinem Buch „Altötting“ definiert. Auf den Votivtaferln ist die ganze Skala menschlicher Leiden und Nöte vom peinigenden Kopfschmerz, Unfall, Hundebiß, Suchtproblem, Frauenleiden, Flüchtlingsnot oder Gefängnisschicksal präsent. Die Votivtafeln, Erinnerungen an lebendige Volksfrömmigkeit, sind rund um die Hl. Kapelle aufgehängt. Heute werden noch etwa ein Dutzend im Jahr geopfert, – im Vergleich dazu – in den Jahren 1892 und 1893 zusammen fast 3000! (S. 63)

„Hl. Ostersakramente 1967, *Hl. Blut*, München Bogenhausen“: Der photographisch reproduzierte Ausschnitt der Auferstehung Christi aus dem Kuppelbild der Abteikirche Neresheim von 1771 auf **Bild Nr. 16** und die Bildmeditation: *„Eine alles übersteigende Liebe...“* auf der Innenseite des Doppelbildes sollen das hl. Ereignis innerlich wiederholen und erneuern. (Aus dem Kuppelbild über dem Chor, Martin *Knoller* in der Abteikirche *Neresheim*, 1771, Verlag J. Pfeiffer, München, Nr. 616, Urheberrecht unbekannt)

„Christus im Kerker“, eine Photographie einer Figur der Franziskanerkirche zu Ingolstadt, ist auf dem **Bild Nr. 17** der Osterbeichte 1962 abgebildet: *„Herr mach mich stark!...“* lädt zum Gebet auf der Rückseite ein. (Urheberrecht unbekannt)

Bild Nr. 16

Bild Nr. 18

Bild Nr. 17

An St. *Augustinus* soll das **Osterkommunionbild Nr. 18** von 1960 aus der Pfarr- und Wallfahrtskirche zu *Walldürn* erinnern (W. Jakob, AVW 208). Dieser berührt mit der linken Hand sein flammendes, durchbohrtes Herz, Ausdruck für sein qualvolles, aber erfolgreiches Ringen um das wahre Leben in Gott ohne eitle Wißbegier, Vorwitz, Neugier und Selbstgefälligkeit, das er in seinen Selbstzeugnissen, den Confessiones, schonungslos ehrlich der Nachwelt hinterlassen hat: *„Doch finde ich in alldem ... keinen sichern Ort für meine Seele als nur in dir, in dem sich sammelt, was in mir zersplittert ist ...“* (S.296).

Neben einer Darstellung der Emmaus-Geschichte zur Osterbeichte 1958 wurde zu den Hl. Ostersakramenten selbst in der *Herz-Jesu-*Pfarrkirche zu Nürnberg das Bild des Auferstandenen am Ostermorgen gewählt (**Bild Nr. 19**, Ostermorgen, EOS-Verlag, 205).

Bild Nr. 19

Letztere vier Beispiele bringe ich an dieser Stelle, um den „Übergang“ deutlicher werden zu lassen. Die neuen Bilder sind fast durchwegs photographische Darstellungen hauptsächlich alter Meister mit dazu passendem Meditationstext oder Text zum Nachdenken auf der Innenseite der Doppelbildchen. Davon später mehr! Herz-Darstellungen finden sich heute in dieser sinnfälligen Deutlichkeit nur noch bei *Herz-Jesu-* und *Herz-Mariens*-Gesellschaften (siehe dazu letztes Kapitel). Auch eine Zuordnung zu einer bestimmten Pfarrei ist nicht mehr üblich, ebenso eine getrennte Bildgabe zur Beichte *und* zur Kommunion. Die meisten Bildchen sind heute vierseitige „Gebetszettel“, mit entsprechendem Gebets- oder Meditationstext versehen, der zu den im Katalog abgebildeten Motiven mitbestellbar ist, wie im Rottenburger Kunstverlag *Ver sacrum*. Die „Emmaus“ - Geschichte mit ihrer zentralen Aussage für christliches Leben ist als beliebtes Andachtsbild heute hochaktuell, wie im Kapitel *„Besondere Andachten, Meditationen“* gezeigt wird.

Diese formale wie auch inhaltliche „Standardisierung“ ist auch bei Bildchen zur **Erstkommunion** deutlich erkennbar. Wohl sind ein fertiger Widmungstext „Andenken an die erste feierliche heilige Kommunion“ mit einzutragendem Namen, der zuständigen Kirche und dem Datum des Ereignisses in zwei Varianten sowie „Andenken an die Hl. Firmung“ mitzubestellen, doch gibt es in den mir zur Verfügung gestandenen Kunstverlagen keinen eigenen Katalog für spezielle „kindgerechte“ Bildchen zur Erstkommunion. Allgemeine Abendmahlszenen wie die des Florentiner Malers *Fra Angelico*, eine Photographie des Bildes aus dem *Museum di San Marco zu Florenz* auf **Bild Nr. 20** oder die auf dem Bild von M. *Schiestl* (**Bild Nr. 21**) zeigen das zentrale religiöse Ereignis, auf das es ankommt, nüchtern und ungeschminkt (Verlagsdrucke-

Bild Nr. 20

Bild Nr. 21

Bild Nr. 22

rei Josef Kral, Abensberg, Best.Nr. 1296 und 1397). Diese Bilder können auch für andere (Andachts-) zwecke verwendet werden.

Die Photographie der Abendmahlszene auf der oberen Bildhälfte und der Fußwaschung auf der unteren bildet ebenfalls biblische Szenen aus dem Perikopenbuch Kaiser Heinrich II., um 1007, ab (**Bild Nr. 22**, Maria Laach, Nr. 7556).

Kelch und Hostie bilden den Mittelpunkt des **Bildes Nr. 23**, das sich auf die wesentlichen Momente der Kommunionfeier eines knienden Kindes beschränkt. Dieses Bild habe ich in einem Devotionalienladen in Altötting gekauft (45/5, peka-Verlags-GmbH). Diese und ähnliche Bildchen werden, wie mir gesagt wurde, heute gerne von Großmüttern für ihre Enkel gekauft. Oder die Kinder schenken sie an ihre Freunde und Freundinnen.

Bild Nr. 23

Vielfach werden heute statt oder zusätzlich zu Andachtsbildern „wirksamere“ Objekte wie Kreuze oder Trinkbecher geschenkt. Ein Kreuz, das das Kind aufhängen kann, ein Becher, aus dem jeden Tag getrunken wird, erinnern augenscheinlicher und unmittelbarer an das wichtige Ereignis und schaffen einen direkten Bezug zur Meßfeier. Diese Bervorzugung praktischer oder auch schmuckvoller Gegenstände verweist jedoch nicht auf ein Überflüssigwerden des Kommunionbildes, sondern nur auf eine „Dominanz“ dieser Geschenkstücke, die auch schon früher gerne Kommuniontische schmückten. Als Beispiel sei mein eigenes, liebevoll umhäkeltes Seidentüchlein mit Darstellung des Meßkelches, der Weintrauben und symbolischer Insignien von Reinheit und Erhabenheit, der Lilie und der Rose, mit engelhafter Ausschmückung von 1960 gezeigt, das bei mir eingerahmt an der Wand hängt (**Bild Nr. 24**). Ähnlich innige Beispiele sind heute Kommunionbildchen aus den Devotionalienläden zu Altötting (**Bilder Nr. 25 und 26**, peka-Verlags GmbH, 20/59 und 20/60).

Bild Nr. 24

Bild Nr. 25

Bild Nr. 26

„Ultrakonservativer Kitsch"? Oder einfach süße Bildchen für Kinder? Auf diese Fragen werde ich in den nächsten Kapiteln immer wieder eingehen.

Das **Primizbild** aus dem Jahr 1987 ist eine photographische Reproduktion des Auferstehungsmotivs von M. *Grünewald* (**Bild Nr. 27**, Verlagsdruckerei Josef Kral, Abensberg, Best.-Nr. 1495).

Die Abendmahl-Szene ist zum Andenken an ein silbernes Priesterjubiläum 1960 gewählt (**Bild Nr. 28**, P. *Preisinger*, Ettal/639).

Das Christopherus-Motiv (**Bild Nr. 29**, Konrad *Witz*, Ettal/513), stellt die bildnerische Ausgestaltung für die Priester-Weihe im Jahre 1958 dar.

Bild Nr. 28

Bild Nr. 27

Bild Nr. 29

Primizbilder sind der ganz besonderen Rolle und Würde gewidmet, die der Priester mit Einsetzung in sein Amt wahrhaftig *in persona Christi* übernimmt. Das Priestertum, schreibt *Johannes Paul II.* ist

„von seinem Ursprung her das ***Priestertum Christi.*** *Er ist es, der Gott, dem Vater, das Opfer seiner selbst, seines Fleisches und Blutes darbringt und durch sein Opfer in den Augen des Vaters die ganze Menschheit und indirekt die ganze Schöpfung rechtfertigt. Der Priester, der täglich die Eucharistie feiert, dringt in das Herz dieses Geheimnisses ein. Deshalb muß die Feier der Eucharistie für ihn der wichtigste und heiligste Augenblick des Tages, der Mittelpunkt seines Lebens sein." (S. 81).*

Als „Verwalter" der „Geheimnisse Gottes" wiederholt der Priester stellvertretend die Hingabe Jesu Christi für die Rettung und das Heil der Welt. Er erneuert in der Kraft des Heiligen Geistes das Sakrament der Wandlung von Brot und Wein in „seinen Leib" und „sein Blut" als Zeichen des ewigen Bundes und zur Vergebung aller Sünden. Er lebt als lebendiges Zeugnis der Auferstehung in ein „neues" Leben, das, unabhängig vom „Zeitgeist", „außerhalb" jeder empirischen Zeit, christliches Leben garantiert, uns sicher zu „neuen Ufern" in der Kraft Christi „herüberholt", so wie Christopherus dem „Ruf" folgte und das kleine Kind übers Wasser holte, das immer schwerer wurde. Er trug die ganze Welt auf seinen Schultern, denn das kleine Kind war Jesus Christus!

Trauerbildchen

Für diese Gedenkbildchen führt der Ettaler Kunstverlag neben Bildern zu Weihnachten einen eigenen Katalog. Daraus ist das Beispiel der Auferstehung für das Sterbebild aus dem Jahre 1992 mit Foto der Verstorbenen auf der Rückseite, wie heute allgemein üblich. (Albert *Birkle*, Ulm St. Hildegard-Schule, Nr. 4505, **Bild Nr. 30**).

Bild Nr. 30

Das **Bild Nr. 31** ist ein Sterbebild aus dem Jahre 1997 in Rott/Inn. Der dichte Wald wird durchstrahlt von dem aus der Ferne hereinbrechenden Licht, ein Symbol der Auferstehung aus der dunklen „Höhle" des Grabes (TB Kunstverlag S. Schwojer GmbH, 82205, Gilching, D-5055).

Die „betenden Hände" von *Dürer* (**Bild Nr. 32**, Emmel-Hennef, Nr. 18152), ein sehr beliebtes Motiv für Sterbebilder heute, sind dem Andenken an einen im Jahre 1991 verstorbenen Hilpoltsteiner Schuhmachermeister gewidmet.

Bild Nr. 31

Bild Nr. 33

Bild Nr. 32

Die Schwarz-Weiß-Photographie von Michelangelos *Pieta* auf **Bild Nr. 33** ist sicher das ausdrucksstärkste Bild zur Erinnerung an den tragischen Unfalltod meines sechzehnjährigen Bruders Ewald im Jahre 1965 *(*Ettal/9207*)*. Seit der Mystik versenkten sich die Gläubigen intensiv in die Leidensgeschichte. Maria ist das Vorbild des Mit-Erleidens. Im dargestellten Vesperbild hält die schmerzerfüllte Mutter den erbarmungswürdigen Leichnam ihres Sohnes auf dem Schoß.

Alle Bilder sind Photographien, die letzten drei sind doppelseitige Bilder. Diese vier Beispiele habe ich bewußt ausgewählt, weil sie häufige Motive im *Ettaler* Kunstkatalog 1997, wie auch anderer Kataloge, darstellen: Bibelszenen, besonders viele Naturdarstellungen – „Imago – Wunder der Natur“, mit Darstellungen von Pflanzen, Blumen oder Tieren, ist (im Zeichen der Öko-Bewegung!) ein spezieller Katalog betitelt – oder „klassische" Kunstabbildungen bilden neben Christus-, Maria-, Engel und Wegekreuz-Darstellungen das umfangreiche Repertoire.

Ein Trauerbildchen zum Tod eines Angehörigen ist heute, zumindestens im bayerischen Raum, noch größtenteils üblicher Brauch. Auch früher waren hauptsächlich im bayerischen und österreichischen Raum Sterbebilder üblich. Dieses soll im Bild auf der Innenseite des zwei- oder vierseitigen Exemplars und mit einen (Bibel-) Spruch an den Verstorbenen erinnern, tot, aber nicht vergessen!

Bedeutungsvoll sind Andachtsbilder auch im Rahmen, kirchlicher Ereignisse oder Gedenkfeste wie z.B. des jährlichen Todestages der Hl. *Munditia* in St. Peter in München am 17. November. Zu diesem Tag mit Hochamt und feierlicher Lichterprozession wird ein Bild des seit 1677 in der Kirche beheimateten Barockschreins mit den Gebeinen der Heiligen ausgegeben. Die Hl. *Munditia* gilt heute vor allem als Patronin alleinstehender „Single"-Frauen, müßte also „hochaktuell" sein!

Von zentraler Bedeutung sind Andachtsbilder heute in Gemeinden anläßlich besonderer Gottesdienste und Rosenkränze, wo sie als geistige und geistliche Vorlagen für Predigten dienen oder in besonderen, religiösen Kreisen vom Pfarrer und den Gläubigen in ihrem Sinnreichtum ausgelegt werden. Andachts- und Meditationsbilder also, wie sie auch im Katalog des Rottenburger Kunstverlags *Ver sacrum* bezeichnet werden!

Besondere Andachten, Meditationen

Drei Bilder, wie auch das Motiv von *„Krug und Schale"* im Bild der Stuppacher Madonna von Mathias *Grünewald*, 1519 (**Bild Nr. 34**) waren besonders wertvolle Bilder zum Nachdenken für die Gemeinde St. Otto in Ottobrunn (Gedanken und Gebete auf der Innenseite des Doppelbildes):

Nicht zufällig stehen der dunkelblaue Krug und die leuchtende Schale unter einer Symphonie von Zeichen und Farben in Grünewalds „Stuppacher Madonna".
Gemeint ist mit Krug und Schale die jungfräuliche Mutter des Herrn; Maria, das Gefäß „voll der Gnade" (Krug) und Maria, die sich mütterlich verschenkende Schale auf den Stationen der Erlösung (Schale mit Rosenkranz).
Empfangen und weitergeben, beschenkt werden und sich in der Freude des Heiligen Geistes weiterverschenken (Lichter in der vielfarbigen Schale) werden hier zum Magnificat der auserwählten Jungfrau und Mutter.
Die frohmachende Botschaft von der Rettung der Welt im Spiegel Mariens zu künden, das ist das Anliegen des großen, tieffrommen Meisters MGN im Bild der „Stuppacher Madonna".

Frei sein, aufstehen und alles lassen –
ohne einen Blick zurück.
Ja sagen.
Ich bin das Gefäß, Gott ist das Getränk ..."
(Dag Hammarskjöld)

... Herr mache mich zu einer Schale
für meine Mitmenschen,
offen für die Liebe, für das Schöne,
das sie verschenken wollen,
offen für ihre Sorgen und Nöte,
offen für ihre traurigen Augen
und ängstlichen Blicke,
die von mir etwas fordern.
Herr, mache mich zu einer Schale!
(Gebet aus *Taize*)

(Krug und Schale/Stuppacher Madonna
Pfarrkirche Stuppach - Bad Mergentheim
Schwabenverlag 7090 Ellwangen, Best.Nr. 309)

Bild Nr. 34

„Sich wandeln lassen“: (eine Photographie des Schmetterlingsreliquiars, um 1310/20 von Achim Bunz, aus dem Diözesanmuseum Regensburg, Erhardi Druck, Nr. 3–96, Seelsorgeamt Regensburg 1996, **Buchrückseite**, Text von Georg *Schraml*): Diese Photographie der Kreuzesszene mit meditativer Textgestaltung soll zum Nachdenken über das Leben, die Bedeutung der Leidenserfahrung und den Sinn der Umkehr einladen:

„Wenn ich gefangen bin in den Dunkelheiten des Alltags, Gott,
laß mich überrascht werden von der Hoffnung.
Wenn ich mich selbst verschließe und niemanden
an mich heranlasse, laß mich Nähe und Wärme spüren.
Wenn die vielen Tode mich umgeben –
der Tod einer Beziehung, der Tod meiner Gefühle,
oder eine zerstörte Hoffnung,
dann, Gott, wirke das Wunder, verwandle mich,
und laß mich auferstehen zu neuem Leben.“

Dieses Reliquiar in Schmetterlingsform wurde bei der Restaurierung eines gotischen Kruzifixes aus dem ehemaligen Schottenkloster in Regensburg im Hinterkopf der Figur des Gekreuzigten gefunden. Die feuervergoldete Emaillearbeit aus Silber stellt die Kreuzigung Christi mit Maria und Johannes dar. Tod und (ewiges) Leben, Kreuz und Schmetterling bilden eine versöhnliche Einheit.

Bild Nr. 35

„Licht in die Dunkelheit“ bringt die Photographie der Grabkammer in *Oboda*, Israel (**Bild Nr. 35**, J.H. *Schindler*, Erhardi-Druck, Regensburg Nr. 3–97, Seelsorgeamt Regensburg 1997, Text: G. *Schraml*). Der Text in der Innenseite des Doppelandachtsbildes beschreibt den Weg von der Dunkelheit ins Licht. Licht und Schatten sind zwei Pole, die zusammengehören. Auch das menschliche Leben ist ein andauernder Versuch, aus der „Höhle“ von Unwissenheit, Verblendung, Hoffnungslosigkeit, Angst und Einsamkeit auszubrechen: *„Unsere Grabkammern haben viele Namen: Angst vor der Zukunft, Einsamkeit, innere Zerrissenheit, Todeserfahrungen. Wir tappen im Dunkel und sehnen uns nach Klarheit und Licht.“* Der Aufstieg aus der „Höhle“ über zunehmende Erkenntnis der wahren Natur der Dinge jenseits aller nur „scheinbaren“ Wirklichkeit ins Reich der Kosmos, Welt und Mensch zugrundeliegenden „Ideen“ ist sozusagen die „Wiege“ abendländisch-platonisch-philosophischen Gedankenguts. „Idee“ oder Maßbegriff für alles ist in christlichem Lebensverständnis Gott:

„Plötzlich war wieder Hoffnung da. Unvermutet. Überraschend. Überwältigend.
Das ist Ostern:
Strahlendes Licht nach finsterer Nacht.
Sieg des Lebens über den Tod.
Wir sind erlöst.“

Die „Emmausgeschichte“ als Urform christlicher Meßfeier (**Bild Nr. 36**, Egbert-Codex, 10. Jh., Schwabenverlag Ellwangen, Nr. 302) ist zugleich ein Primiz-Erinnerungsbild und soll zum Nachdenken über die zentrale Motivik christlichen Glaubensverständnisses einladen. Die Emmaus-Geschichte ist beides, die Auslegung des Wortes Gottes und das gemeinsame Brotbrechen, das gemeinsame Leben: Da gingen den Jüngern die Augen auf und sie erkannten Jesus. Urform der Eucharistiefeier!

Bild Nr. 36

Auch die Photographie des Brunnens in San Damiano zu Assisi auf **Bild Nr. 37** lädt zu meditativen Gedanken ein, wie sie auf der In-

Bild Nr. 37

nenseite des Andachtsbildes begonnen werden: Bei dir ist die Quelle des Lebens...... Das Wagnis beginnen:

„Nichts ist dem Menschen unbekannter und erschreckender als die eigene Seele. Die meisten Menschen haben Todesängste, in das Brunnenloch zu steigen und den Abstieg zum unbekannten Seelengrund zu wagen. Sie leben nur außen, von allem gefesselt, was zur Schau gestellt wird, aber sie werden schon verwirrt, wenn sie nur einen Blick über den Brunnenrand werfen sollen. Ihre Sicherheit liegt im Geläufigen der äußeren Welt. Vor der Tiefe in sich selbst sind sie voll hilfloser Not. Aber der Brunnen ist noch nicht verschüttet. Wer ehrlich will, kann ihn finden und das Wagnis beginnen."

(Aus: Hubertus *Halbfas*, Der Sprung in den Brunnen)

(Seelsorgeamt Regensburg 1995, Bild und Text: Georg *Schraml*, Erhardi Druck, Regensburg, Bestell-Nr. 5–95)

Biblische Motive, reale Orte biblischen Geschehens und „symbolgeladene" Orte und Gegenstände in photographischer Wiedergabe mit standardisierter Textbeilage, die zum Nachdenken oder Meditieren anzuregen versucht, bilden den „Spielraum" andächtiger Übungen privat und unter pastoraler Anleitung in Bußgottesdiensten. Im Zentrum dieser Übungen steht die freie und verantwortungsbewußte Zuwendung zu Gott und Behandlung des Anderen als gleichberechtigten Partner. Teilen und Anders leben ist auch die Botschaft des „Predigers in Farbe" Sieger *Köder*. Seine Darstellung des „Abendmahls" soll Menschen unterschiedlicher Kulturen zusammenführen:

„... Nicht die geschlossene Runde von Gleichgesinnten, sondern der nach allen Seiten offene Kreis, nicht das kultische Mahl im Tempel, sondern der festlich gedeckte Tisch eines Festmahles sind das zentrale Symbol der Reich-Gottes-Vision. Menschen unterschiedlicher Kulturen an einen Tisch zu bekommen, ihnen nicht nur die Brosamen vom Tisch der Reichen zu gönnen, sondern sie als gleichberechtigte Gesprächspartner zu akzeptieren: das ist auch Auftrag und tägliches Bemühen der von Misereor geförderten Solidaritätsarbeit." (Prospekt zum „Hungertuch", Bischöfliches Hilfswerk Misereor e.V., Aachen)

In diesem Sinne verstehe ich auch das linke Bild auf dem vorderen **Umschlagblatt** des Buches, das das Motiv der „Schutzmantelmadonna" (von Sieger *Köder*) auf eine sehr moderne und mütterliche Weise darstellt: Ihre Kinder wird man auf den Knien schaukeln (Jes 66, Rottenburger Kunstverlag Ver sacrum Nr. 873 D).

Über die Geschichte und Bedeutung der Schutzmantelmadonna werden wir bei den Mariendarstellungen mehr erfahren.

Wallfahrtsbildchen

Die Zunahme des Wallfahrtsgeschehens war ein wesentliches geschichtliches Moment der volkstümlichen Ausbreitung des kleinen Andachtsbildes. Deshalb seien noch einige moderne Wallfahrtsbilder gezeigt, bevor ich auf Motivreichtum und „Moderne“ und ältere Bildchen in Form, Funktion und inhaltlicher Gestaltung in ihren Schwerpunkten und Wandlungsmomenten eingehe.

Bild Nr. 38, eine Bildpostkarte, zeigt die wundertätige Jungfrau *Maria von Medjugorje* in Kroation (von der Amtskirche nicht anerkannt): Auf der Rückseite des Bildes steht:

„Liebe Kinder, ich lade euch ein zu einer persönlichen Bekehrung. Diese Zeit gehört Euch! Ohne euch kann Gott seine Pläne nicht verwirklichen. Liebe Kinder, sie werden durchs Gebet täglich wachsen und Gott näher kommen: Ich gebe Euch die Waffe gegen Eueren Goliath. Das sind Euere fünf Steine: 1. Rosenkranz - beten mit dem Herzen 2. Eucharistie 3. Bibel 4. Fasten 5. Monatliche Beichte

Es ist zu bedenken, daß den Frömmigkeitsformen und sinnlichen Darstellungen in Wallfahrtsorten (noch) keine Grenzen gesetzt sind, ja daß diese wieder im Aufleben begriffen sind. Körperliche und seelische Nähe zum Bild, zur verehrten Reliquie, sind hier nach wie vor ein wesentliches Element wirkungsvoller, kultisch begründeter Hingabe, wie sie im Schleierbild zu *Altötting* seit 1737 gegenwärtig war (**Bild Nr. 39**). Das Schleierbild trug, nach Vorlage des Brauchs zu *Loreto*, einen Teil des schwarzen Karfreitagsschleiers über dem Gnadenbild. Der Herr Stiftsdechant Joseph *Hagn* hatte 1736 auf einer Romreise gesehen, daß Loreto das Gnadenbild am Karfreitag mit einem schwarzen Schleier verhüllte. Nach Entfernen dieses Schleiers wurde dieser zerschnitten und in liebevoller Handarbeit für Andachts-

Bild Nr. 38

Bild Nr. 39

bilder verarbeitet. Zuerst nur für den kurfürstlichen Hof, vornehme geistliche und weltliche Beamte und besondere Wohltäter, später für alle Pilger, wurden auch Stückchen des begehrten Schleiers des *Altöttinger* Gnadenbildes auf die Altöttinger Bilder geklebt. Was mit 600 Bildchen begann – von der Hl. Kapelle gestiftet und von Englischen Fräulein hergestellt – wurde durch die Tausende eines sprungartig zunehmenden Pilgerbedarfs unmöglich, wie die Jahresabrechnungen der Hl. Kapelle belegen: Im Jahre 1760 wurden 1000 Öttinger Schleierbildchen, im Jahre 1762 bereits 2400 große und 1000 kleine Bildchen benötigt! Diese waren nur noch indirekt am Gnadenbild berührt. Wie DDr. Robert *Bauer* in seinem Buch über die Bayerische Wallfahrt Altötting schreibt (S. 67 f.), gibt es auch heute noch echte Schleierbildchen vom Karfreitag, die jedoch auf besondere Freunde des heiligen Hauses beschränkt sind.

Wenn ein Soldat fest davon überzeugt war, daß er durch das Beisichtragen eines Schleierbildchens den 1. Weltkrieg unversehrt überstanden hatte und er dafür eine Votivtafel zum Dank spendete, zeugt dies von der tiefen „Glaubens-" funktion einer derartigen Reliquie als Talisman. „Unmittelbarer" können magische Wirkung und Ausstrahlung persönlich wohl kaum angeeignet werden.

Wir haben gesehen, daß heute verwendete Andachtsbilder im wesentlichen Darstellungen alter Meister, Naturerscheinungen und photographische Wiedergaben symbolträchtiger Objekte und realer Bedeutungsträger für die jeweilige Gemeinde (Kirchenschreine oder -bilder usw.) sind und durch Meditationstexte ausgelegt oder auch mit einem Lied ergänzt werden.

Formal ist das Andachtsbild meist ein vierblätteriger Gebetszettel, aber auch Postkarten und selbsterstellte Photographien der besonders schönen weihnachtlichen Krippe der Pfarrei oder „Heftchen" können als Vorlage für andächtige Übungen dienen.

Wenn moderne Künstler überhaupt „zum Zuge" kommen, überwiegen sozialkritische und aufgrund heutiger Lebenswelt zum Denken anregende Motive. So kann der Gläubige unterschiedlichster Vorlieben erfaßt werden, sei er im weltlichen Bereich mehr „klassisch" oder kunsthistorisch interessiert, engagierter Sozialkritiker oder Naturfreund. Religiöses Leben wird über einen textlich untermauerten Bildinhalt unterschiedlich vermittelt, über Gedanken über biblische Momente und über lebensweltlich bedingte Gefährdungen und menschliche Ungerechtigkeiten und Dramen. Es können durch die Hinzunahme unterschiedlicher Gebrauchsformen alle Menschen der heutigen Zeit im Bild angesprochen werden, die angesprochen werden wollen.

Meditative Versenkung und Hingabe in Bild und Wort sind zentral. Nach der Definition von Alfons *Rosenberg* wäre also das Andachtsbild zum „Meditationsbild" geworden oder zumindest zu einem Bild, das zur meditativen Versenkung anregen kann und soll. Durch photographische, schnelle Reproduktionen ist dieser Gebrauchsreichtum in allen Varianten schnell und billig einzufangen und zu verbreiten. Durch diese technischen Möglichkeiten läßt sich jedoch kein „Verlust der Aura" feststellen (nach Walter *Benjamins* Beurteilung unseres heutigen, „technisierten" „Kunst-"verständnisses!). Denn auch mit einer Photographie kann ich „allein mit meinem Gott sein", mich in die Betrachtung eines Bildes meditativ versenken, zeigt dieses auch Ausschnitte aus berühmten Bildern.

Was hat es mit diesem „Verlust der Aura" überhaupt auf sich, wo liegt die anscheinend größere Aura früherer Bilder, die heute nicht nur das Sammlerherz verzücken und wird diese dem billigen „Kitsch" oder allzu „fernen", nüchtern-rationalen, klassischen Bild geopfert? Diesen Fragen gehen wir bereits nach, wenn wir jetzt unterschiedliche, besonders beliebte Motive der Darstellung von Andachtsbildern besprechen.

Motivreichtum heute und früher

Jesus als Guter Hirte, Bibeldarstellungen allgemein

Den „Guten Hirten“ zeigt eine Photographie eines Farbmosaiks um 450 aus Ravenna (**Bild Nr. 40**, Ettal/382)

Das Sterbebild von 1961 (**Bild Nr. 41**, H Sch K, S 1300) zeigt Jesus als guten Hirten, wie er ein kleines, weißes Schäfchen auf der linken Schulter trägt. In der rechten Hand einen Wanderstock, gibt das Schwarz-Weiß-Bild eine Szene bewegter Fürsorge wieder:
„Jesus, du guter Hirte
erbarme dich unser“

„Ich kenne meine Schafe, und meine Schafe kennen mich.“ (Joh. 10.14): Dieses kindlich-rührende Bildchen zeigt das Jesus-Kind, wie es ein Schäflein fürsorglich an die Leine nimmt und mit der Fahne des Friedens und des Heils als Zeichen ewiger Ruhe nach dem Tode (**Bild Nr. 42**, Verl.-Anst. Benzinger & Co. A.G., Einsiedeln, 3667).

„Der Sämann“, eine Photographie des Gemäldes von *van Gogh* aus dem Jahre 1888, aus dem Nationalmuseum Vincent van Gogh in Amsterdam, trägt auf der Innenseite des vierseitigen **Andachtsbildes Nr. 43** die Meditation *„Sehnsucht nach dem Unendlichen“* (Rottenburger Kunstverlag Ver Sacru*m*, Nr. 839 D, Text von Theo *Schmidkonz*, S J). Jesus sät aus und pflanzt trotz Tod und Hoffnungslosigkeit als Zeichen unermüdlicher und beharrlicher Suche nach dem Guten und Überwindung irdischen Leidens: *„.....Mag es ein Säen in Tränen sein, nun denn,“* sagt *van Gogh, „aber in weiter Ferne spüren wir eine kleine stille Hoffnung......“*

Im Vergleich dazu sei die anschauliche Darstellung des säenden Kindes Jesus auf **Bild**

Bild Nr. 40

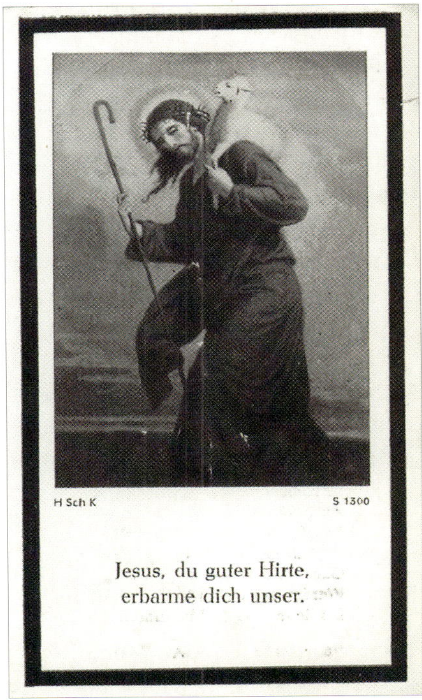

Bild Nr. 41

Bild Nr. 42

Bild Nr. 43

Nr. 44 gezeigt: *„O Christ, sei du dem Acker gleich, Der hundertfache Frucht getragen, Sonst müsst' Sein Wort, so gnadenreich Dein fruchtlos träges Herz verklagen!"* (Richard *Kühlwein,* Regensburg) Das Bildchen mit eingekerbtem Rand hat auf der Rückseite Sortiment- und Preisangabe gleich mit abgedruckt: No. 3378 sort. in 5 Darst., 100 Stck. M 1.50.

„Der Sturm auf dem See", Mt. 8,26: *„Vertraue auf den Herrn..."* heißt es auf der Innenseite des Doppelbildes (**Bild Nr. 45**, mit kirchlicher Druckerlaubnis der Diözese Regensburg, Josef Kral Verlagsdruckerei, Abensberg, Nr. 1295).

Den „Seesturm" zeigt auch die Photographie **Bild Nr. 46** aus dem Hitda-Codex, Meschede um 1020 (Rottenburger Kunstverlag Ver Sacrum, Nr. 772 D) mit dem Anruf: *„Herr rette uns..... Ich bitte Dich, Christus, steuere die Menschen durch die Fluten und Stürme mit dem Baum und der Antenne des Kreuzes..."* (Venantius Fortunatus).

Das Bild von Gebh. *Fugel* zeigt die gleiche biblische Szene in düster-realistischer Farbge-

Bild Nr. 44

Bild Nr. 45

Bild Nr. 47

Bild Nr. 46

bung und kontrastreich eindrucksvoll und hingebungsvoll gestaltet: „*Jesus* (in Sandalen auf dem Wasser laufend) *streckte seine Hand aus, ergriff ihn und sprach: Kleingläubiger, warum hast du gezweifelt?*" Matth. 14,31 (**Bild Nr. 47**, Max Hirmer, München, 1922). Auf der Rückseite ist die biblische Geschichte mit einem dazu passenden Gebet aufgedruckt. Das Bild steht in der Nachfolge der Nazarener-Bildtradition.

„*Kleingläubiger, warum hast du gezweifelt?*" (Matth. 14,31) lautet auch der Kurztext auf der Vorderseite und der längere auf der Rückseite auf dem unwirklich und märchenhaft wirkenden **Bild Nr. 48** in leichten Pastellfarben (Heilig-Geist-Literatur, Innsbruck). Dieses wirkt unmittelbar „eindringlicher“ auf den Betrachter. Die Not und Verzweiflung des Ertrinkenden und sein flehentliches Hoffen auf Rettung ist im Vergleich zu den anderen Bildern in höchst gesteigerter Form dargestellt.

Diese beiden Bilder zeigen anschaulich die „persönlichere“ und „hautnahere“ Aura älterer Bildchen, wie sie auch schon beim „Sämann“ und „Guten Hirten“ deutlich wurde.

Zentrales Bibelgeschehen soll auch das neue Bild *„Füreinander dasein“* wachrufen (**Bild Nr. 49**, „Fußwaschung“ von Sr. *Miren-Sorne Gomez* in „naiver“, ausdrucksstarker Maltechnik aus der Kinderbibel für Osteuropa und die Dritte Welt, „Gott spricht zu seinen Kindern“, hrsg. v. Kirche in Not/Ostpriesterhilfe, Seelsorgeamt Regensburg 1996, Erhardi-Druck, Regensburg, Nr. 5–96).

Bild Nr. 48

Bild Nr. 49

Bild Nr. 50

Passionsgeschichte, Auferstehung, Pfingsten

Das „sichtbare Wirken Gottes in unserer Mitte“ zur Darstellung bringen, ist, wie wir gehört haben, oberstes Ziel der Andachtsübung von heute. Dazu ist die „Erkenntnis des Mysteriums Christi“ von zentraler Bedeutung. Das ganze Leben Christi ist Ausdruck seiner göttlichen Sendung *„zu dienen und sein Leben hinzugeben als Lösegeld für viele“* (Mk 10,45). Beim letzten Abendmahl nahm Jesus die freiwillige Hingabe seines Lebens an Gott Vater vorweg: *„Das ist mein Leib, der für euch hingegeben wird“* (Lk 22,19). Folgende drei Bilder stellen dieses symbolische Opfermahl zum Heil aller Menschen, heute in jeder Eucharistie-Feier wiederholt, dar:

„Abendmahl“, Antependium, um 1480, Kathedrale in Chur (**Bild Nr. 50**, Beuroner Kunstverlag, Nr. 1761).

„Abendmahl“, Keramik von Frank *Crone*, Telgte, 1970 (**Bild Nr. 51**, Beuroner Kunstverlag, Nr. 1635).

Das „Abendmahl“ auf **Bild Nr. 52** (peka-Verlags GmbH, 30/20) ist in einem Devotionalienladen in Altötting gekauft.

Bild Nr. 51

Bild Nr. 52

Auch Gottes Sohn ging nicht ohne Angst in den Tod. In Todesangst betet er im Garten Getsemani in der Nacht vor seinem Leidensweg: *„Mein Vater, wenn es möglich ist, gehe dieser Kelch an mir vorüber ...“* (Mt 26,39). Frei von Sünde, stimmt er aber zu, daß der Wille des Vaters geschehe und nimmt seinen Tod als Erlösungstod an, um *„unsere Sünden mit seinem Leib auf das Holz zu tragen“*(1 Petr 2,24). Vier Bilder zeigen diesen entscheidenden inneren Kampf Jesu am Ölberg inmitten seiner in Schlaf gefallenen Jünger: Das heutige **Bild Nr. 53**, eine Photographie des Meisters des Heisterbacher Altars um 1440 (Verlagsdruckerei J. Kral, Abensberg, Nr. 1297), das **Bild Nr. 54** „Christus am Ölberg“ (H.Sch.K., 1025) mit dem aus dem Licht erscheinenden Ölbergsengel sowie **Bild Nr. 55**, auf dem der hell umstrahlte Christus seinen Gott bittet: *„Du, Herr, entferne Deine Hilfe nicht von mir, schaue her zu meinem Schutz.“* Ps. 21,20 (Fr. Guillery, Lucas Verlag, München).

Bild Nr. 53

Bild Nr. 54

Bild Nr. 55

Bild Nr. 56 ist wohl das farblich und szenenhaft symbolträchtigste Andachtsbild: Jesus, von allen verlassen, in Vorahnung seines dornigen Weges, sieht durch sein *„weinend Aug"* den Erlösung verheißenden Engel, der *„Kraft und Trost in's wunde Herz"* bringt. Der Ölbergsengel ist der einzige Trost, der *„zur rechten Zeit die rechte Stärkung"* bringt:

„Nur wenn ein Herz durchglüht von Deiner Liebe, Dann wird es gern, – dem Ölbergsengel gleich, – Den Stätten nah'n, wo dunkle Nacht es bliebe, Käm' still es nicht mit Trost so lind und weich. O, dass auch uns ein tief' Erbarmen triebe..."
(Cordula Peregrina, mit bischöfl. Approb., Auszüge aus dem Text auf der Rückseite)

Jesus vollendet sein Opfer am Kreuz. Er fordert alle Menschen auf, ihr „Kreuz" auf sich zu nehmen und ihm nachzufolgen, was heißt, es ihm gleichzutun und den „rechten"

Bild Nr. 56

Bild Nr. 57

Weg Feigheit, Gewalt, Korruption und Machtgier vorzuziehen. **Bild Nr. 57** zeigt den hl. Franz *von Assisi*, wie Jesus sich zu ihm niederbeugt und ihn umarmt: *„Himmel und Erde haben nichts, was mich fesselt, alles schwindet vor der Liebe Jesu Christi.“* (Bouasse-Lebel, Paris, 4658). Jesus war seinem Auftrag gemäß in Liebe gehorsam bis zum Tode. Er ging den dornigen Weg des Leides für alle Menschen voraus (**Bild Nr. 58**, Bouasse-Lebel, Paris, 5115) und machte ihn in seiner irdischen Schwere und Ungerechtigkeit anschaulich für alle sichtbar, die sehen können und wollen, wo Wahrheit verborgen ist (**Bild Nr. 59**, M *Roßmann*, Ges. f. chr. K., M., Primizbild von 1916): *„Wir beten Dich an, o Jesus, und preisen Dich, denn durch Dein Kreuz hast Du die Welt erlöst.“*

Jesus Christus ist begraben worden: „Weil er dem gewöhnlichen Gang der Natur nicht hindernd in den Weg trat, trennte sich zwar auch bei ihm durch den Tod die Seele vom Leibe, dann aber vereinigte er bei der Auferstehung beide wieder miteinander, damit er selbst *der Treffpunkt* von beiden, *des Todes und des Lebens* werde, indem er einerseits der weiteren natürlichen Auflösung des von der Seele getrennten Körpers in sich Einhalt gebot, andererseits das Prinzip der Wiedervereinigung der getrennten menschlichen Wesensbestandteile wurde (Gregor v. *Nyssa*, or. catech. 16).

Christus lag zwar im Grabe, doch seine göttliche Person waren in eins Leib und Seele. Darum hat der Leib des toten Christus *„die Verwesung nicht gesehen“* (Apg 13,37). In Christi Auferstehung geht das Leben aus dem Abgrund des Todes hervor, nicht alles Leben, sondern das Leben des „Gerechten“, der die Angst vor dem Tod zugunsten eines unerschütterlichen Weges des wahren Lebens überwindet. Diesem „Gerechten“ hat Jesus die Pforte des Himmels geöffnet.

Bild Nr. 59

Frauen waren die Ersten, denen Jesus seine Auferstehung zum wahren Leben zeigte, *Maria von Magdala* und den heiligen Frauen, die den Leichnam Jesu einbalsamieren wollten (**Bild Nr. 60**, Friedrich *Overbeck*, Der Ostermorgen, 1818, Inv.Nr. 604, Kunstmuseum Düsseldorf im Ehrenhof). Zweifelnd und skeptisch waren alle, auch seine Jünger, angesichts des „auferweckten" Leibes, der, frei von irdischen Bindungen, in allen Gestalten erscheinen kann. Er ist deshalb auch nur für die schaubar, die sich auf den „neuen Menschen" einlassen wollen, die den „alten" mit dem „neuen" in sich verbinden wollen, wie es Jesus vorgelebt und vorgestorben hat. In diesem Sinne ist auch das Gebet auf der Rückseite des vierseitigen Andachtsbildes **Nr. 61** zu verstehen:

„Herr Jesus Christus, hilf uns, die Gewohnheiten des alten Menschen abzulegen und als neue Menschen zu leben. Laß uns als österliche Menschen mit frohem Herzen Dir entgegengehen, wenn Du einst wiederkommst, die Lebenden und die Toten zu richten."

(H. *Memling*, Die Auferstehung Christi, Louvre, Paris, Text v. P.R. *Pühringer*, Verlagsdruckerei J. Kral, Abensberg, Nr. 1196)

Ihren natürlichen Kräften allein überlassen, hat die menschliche Natur nicht die Kraft, dauerhaft im „Hause des Vaters" zu wohnen. Christus ist der Mittler, der den Hl. Geist über den Menschen ausschütten kann, wenn sich der Mensch auf diese Mittel einläßt, sie leben lernt. Diese „engelhafte" Mittlerrolle zwischen Erde und Himmel drückt **Bild Nr. 62**, eine Ikone aus dem 14. Jh. aus (Rottenburger Kunstverlag Ver sacrum, Nr. 771 D). Jesus Christus als der „Bote Gottes" soll jeden an die Hand nehmen, der dazu bereit ist.

„Das große Hallelujah" ertönt auf **Bild Nr. 63** (Apokalypse Reichenau, um 1020, *Ver sacrum*, Nr. 806 D).

Bild Nr. 60

Bild Nr. 61

Bild Nr. 62

Bild Nr. 63

Bild Nr. 64 stellt dieses Hallelujah in voller Herrlichkeit dar (Marienbasilika Kevelaer, Verl. J. Kral, Abensberg, Nr. 1197, Text: P.R. *Pühringer*):

„Das Alte ist vergangen, die gefallene Welt erlöst, das Leben in Christus erneuert. Aus dieser Freude dürfen wir leben und von daher haben wir auch unsere Berufung: Salz der Erde und Licht der Welt zu sein. Als Christen dürfen wir diese erhabene Aufgabe nicht vergessen."

Altes und neues Leben, alter und neuer Mensch, Austritt aus dem Reich der Schatten in das Licht. Die Bedeutung des Lichts als Zeichen für Leben reicht bis weit in die alttestamentarische Geschichte mit ihren Wurzeln in alt-mesopotamischer und ägyptischer Tradition zurück. Licht heißt immer Gegensätzlichkeit. Kein Licht ist ganz ohne Schatten und keine Dunkelheit ist ganz ohne einen

Bild Nr. 64

Lichtschein. Dies ist auch für das menschliche Leben zutreffend. Licht umfließt und durchfließt uns, selbst wenn alles düster und dunkel erscheint. Die Taufe ist das Zeichen dieser inneren Erleuchtung und wird in der Osterfeier im Taufwasser erneuert für jeden, der es will. So heißt es auch im Osterlied von G. *Thurmair* von 1963:

„Nun freue dich, du Christenheit": O Licht der wunderbaren Nacht, uns herrlich aufgegangen, Licht, das Erlösung gebracht, da wir vom Tod umfangen, du Funke aus des Grabes Stein, du Morgenstern, du Gnadenschein, der Wahrheit Licht und Leben! ... O Licht, viel heller als der Tag, den Sonnen je entzündet, das allem, was im Grabe lag, den Sieg des Lebens kündet. Du Glanz des Herrn der Herrlichkeit, du Heil der Welt in Ewigkeit, voll Freuden und voll Frieden."

Schatten und Licht, Aufstieg aus der dunklen, nur scheinhaft erleuchteten „Höhle" der sinnlichen Genüsse und menschlichen Eitelkeiten mit ihren Ordensverleihungen und gegenseitigen Bekränzungen, gegenseitigem, stolzen Auf-die-Schulter-Klopfen ins wahre Leben eines liebenden Miteinanderseins! Hier liegt die Grundidee christlichen Lebens, die Idee von Ostern.

„Keiner kann sagen: 'Jesus ist der Herr!', wenn er nicht aus dem Heiligen Geist redet" (1 Kor 12,3). Der Heilige Geist weckt durch seine Gnade den Geist des Glaubens im Herzen des einzelnen Menschen. Sinnbilder dieses Hl. Geistes sind neben dem Wasser als Wirkkraft, der Salbung, der bald dunklen, bald hellen Wolke, dem Siegel oder der Handauflegung das Feuer und die Taube. Die **Bilder Nr. 65** und **66** zeigen sinnlich unmittelbar die bewegte Szene innerer Erleuchtung in den auflodernden Feuerzünglein über den Köpfen der Menschen. Bildet **Bild Nr. 65** photographisch El Grecos „Ausgießung des Heiligen

Bild Nr. 65

Bild Nr. 66

Bild Nr. 67

Bild Nr. 68

Geistes“ (Schwabenverlag Ellwangen, Nr. 301) ab, sehen wir auf **Bild Nr. 66** eine „volkstümliche“ Version (ohne weitere Angaben) des Nazarener Bildverständnisses. Die Taube auf **Bild Nr. 67**, einer Abbildung aus dem Stundenbuch, Brügge, um 1530 (Beuroner Kunstverlag, Nr. 2121) sendet ihre Strahlen auf die betenden und staunenden Menschen aus. Die Taube war es im Alten Testament, die von Noah nach dem Raben ausgesandt wurde, um zu erkunden, ob die Flutwasser zurückgegangen und die Erde wieder bewohnbar waren. Die Taube kam zurück, weil ihre Füße nirgends ruhen konnten und Noah sandte sie ein zweites Mal aus. Die Überlebenden der Arche warteten voll banger Hoffnung. Die Taube kam zurück und trug einen Ölzweig im Schnabel. Noah wartete weitere sieben Tage und ließ die Taube wieder fliegen. Sie kam nicht mehr zurück. Gott sandte einen farbigen Regenbogen als Zeichen ewiger Verbundenheit mit Noah und seinen Getreuen: Eßt kein Fleisch mit dem Blut, denn darin ist das Leben und über das Leben verlange ich Rechenschaft, von jedem Menschen über das Leben seines Bruders. Achtet die Schöpfung in all ihren Geschöpfen, alles Trachten nach Bösem bringt Gier, Streit und Tod mit sich! Suche nach dem Heiligen Geist heißt Suche nach Weisheit, Verstand, Wissenschaft, Rath, Stärke, Andacht und Furcht Gottes, wie die Strahlen oder Gaben der Taube ins entflammte Herz verdeutlichen (**Bild Nr. 68**, Bobleter, München): *„Komm hl. Geist! entzünde unsere Herzen mit dem Feuer deiner Liebe. Amen.“* Dieses Bild um die Jahrhundertwende stellt das Wirken des Hl. Geistes direkt begrifflich verständlich in Bild und Wort dar.

Heiligendarstellungen

„Liebe sucht nicht ihren Vorteil‘ (1 Kor 13,5). Die geringste der Handlungen aus Liebe wirkt sich zum Vorteil Aller aus, der ganzen Gemeinschaft der Heiligen oder der Gläubigen, die an den heiligen Dingen teilhaben. Besondere Fürsprecher vor Gott sind die, die durch eine vollendetes geistliches Leben Zeugnis des ganzen Glaubens abgelegt haben wie der Hl. *Martin* auf den **Bildern Nr. 69** und **Nr. 70** (St. Martin, Michelino da Besozzo, um 1410, New York, Maria Laach, Nr. 7907), unterschiedlichen künstlerischen Interpretationen seines Lebens.

„Martin, erst Taufanwärter, hat mich mit diesem Mantel bekleidet.“ heißt es auf **Bild Nr. 69**, das die Mantelspende St. *Martins* zeigt (um 1440, Diözesanmuseum Rottenburg, Beuroner Kunstverlag, Nr. 1671). Diese Wohltätigkeit ist die symbolische Wiederkehr einer Liebestat um das Jahr 335. Dem jungen ungarischen Soldat und Offizier erschien Christus, bekleidet mit einem halben Soldatenmantel, der zu den ihn begleitenden Engeln sprach: *„Martinus, der noch Taufbewerber ist, hat mich mit diesem Mantel bekleidet.“* *Martin* entschloß sich zur Aufgabe des Heeresdienstes und trat in den Dienst Gottes ein. Nach Kämpfen mit den Arianern gründete er das erste abendländische Kloster *Liguge* in der Nähe von *Poitiers* und führte mit einigen Getreuen ein hartes Büßerleben. Das Volk wählte ihn zum Bischof, die Kirchengeistlichen jedoch nahmen Anstoß an seinem wirren Aussehen. Er wurde der Mittelpunkt von Bekehrungsfahrten, die ihn kreuz und quer durch Gallien bis *Paris* führten. Er kämpfte einen „gerechten“ Kampf gegen das Heidentum, die Unterdrückungen seitens der Gaugrafen und Fronvögte und ungerechte (Todes-)strafen. Er heilte Kranke und erweckte Tote. Auch kriecherische Hofbischöfe, Ketzer und Druidenpriester waren in seine Wohltaten eingeschlossen. Nach sei-

»Martin, erst Taufanwärter, hat mich mit diesem Mantel bekleidet.«

Bild Nr. 69

Bild Nr. 70

nem Tode setzten 10 Getreue sein Werk fort (H. *Hümmeler*, Helden und Heilige, Siegburg 1954, S.528 f).

Bild Nr. 71

Die selige *Stilla* ist auf **Bild Nr. 71** abgebildet. Das Bildchen von Matthäus *Schiestl* (GFCHKM, cum appr. eccl., 2866) ist ein Exemplar aus der *Schiestlschen* Bildserie, bei *Serz & Co.* in Nürnberg Anfang dieses Jahrhunderts hergestellt, die sehr freundliche Bilder produzierte, um dem Andachtsbildwesen gegen die Konkurrenz Pariser Bilder neue belebende Kräfte zuzuführen (*Spamer*, S. 274). In der Tat strahlt das Bild eine farbenprächtige, zu Herzen gehende Wirkung der Reinheit der seligen *Stilla* aus. Der große Lilienzweig in ihren Händen und die drei weiß gekleideten Jungfrauen im Bildhintergrund unterstreichen die Innigkeit in Haltung und Blick der seligen *Stilla*.

Bild Nr. 72

Die **Bilder Nr. 72, Nr. 73** und **Nr. 74** zeigen die Hl. *Anna*, wie sie ihr Töchterlein Maria unterrichtet. *Anna*, die Mutter der Mutter Jesu, ist auf besonders vielen älteren Andachtsbildern dargestellt. Sie war es, die die Mutter Jesu für ihre besondere Rolle vorbereitete (Bild Nr. 72 aus dem Hirmer-Verlag zu München, 3242, mit einem Gebet zur Hl. Mutter *Anna* auf der Rückseite, Bild Nr. 73 ohne weitere Angaben). **Bild Nr. 74** ist zugleich ein Dankbildchen für Kinder an ihre Eltern. Auf der Rückseite steht:

„Die hl. Anna ist die Mutter Mariens, die Gemahlin des hl. Joachim und darin besteht ihr Ruhm und ihre Macht. Weil sie so treu und gewissenhaft ihre Mutterpflichten erfüllte, wird sie von den christlichen Ehefrauen als besondere Patronin verehrt, und wenn alle Mütter wie Anna handelten, dann fänden sich gewiß viele Töchter, welche der seligsten Jungfrau Maria glichen." (Mit kirchl. Druckerlaubnis, S. & M., M.).

Bild Nr. 73

Bild Nr. 75

Bild Nr. 74

St. *Ursula* auf **Bild Nr. 75** breitet ihren schützenden Mantel über vier Klosterfräulein und vier junge Mädchen aus: *„Wachet über diese heilige Herde, welche Eurer Sorgfalt anvertraut ist, traget Sorge, daß alle ein Herz und eine Seele seien"* (A.M., 3044).

Gemeinschaft der Heiligen in der Gemeinschaft der Liebe, unter dem schützenden Mantel von gegenseitigem Vertrauen, ist wohl nirgends so vollendet getroffen wie in der Person Mariens, die das Liebste hergeben mußte, ihren eigenen Sohn.

Mariendarstellungen mit / ohne Kind

Was Maria alles verkörpert, sagen folgende einfache Worte zur Gebetsaktion zu den (von der Kirche nicht anerkannten) Erscheinungen der Muttergottes zu *Medjugorje*:

*„Seit dem 24. Juni 1981 erscheint die Muttergottes in Medjugorje und lädt uns durch ihre Botschaften zum Gebet und zur Umkehr ein. Das vorbildliche Leben der Mutter Jesu wird zum Musterbeispiel für die Kirche, die in ihr ein Modell des Glaubens, der Hoffnung und der vollkommenen Einheit mit Christus findet. So ist Maria für alle Christen eine Gestalt, die Hoffnung erweckt und erneuert, die die befreiende Kraft der Gnade zusichert, die den Zustand des Menschen erleuchtet und ihn anregt, sich vertrauensvoll Gott zu schenken und sich von seiner unendlichen Liebe aufnehmen zu lassen." (*Beginn der Kassette *„Aufbruch"*, Botschaften der Königin des Friedens, Gebetsaktion *Medjugorje,* Wien*)*

Bild Nr. 76

In diesem umfassenden Sinne wird *Maria* zur zentralen Darstellungsfigur der Christusgeschichte, aus deren reichhaltigem Schatz mir einige als Andachtsbilder zur Verfügung stehen. Bis zum Jahre 431 auf den Bildern der Verkündigung, der Geburt Jesu und der Magier nicht eigens hervorgehoben, wurde sie von nun an im kaiserlichen Purpur zur königlichen Gestalt, *Maria* als *„Regina coeli"*, als Himmelskönigin mit königlichen Insignien und *„Regina angelorum"*, als Königin der Engel, den Thronassistenten. In dieser gedanklichen Tradition steht **Bild Nr. 76**, auf dem MATER SALVATORIS auf ihrem von Engeln garnierten Thron sitzt, allerdings in demütigerer Haltung als der kleine Pantokrator, der Weltenherrscher, auf ihrem Schoß, der den Beschauer hoheitsvoll grüßt. Ein weiterer Engel sitzt musizierend zu Füßen der Madonna. *Maria* sitzt auf einem aufgerollten Teppich inmitten von Lilien, Blumen und einem Vogel. Im Bildhintergrund sind sanfte Hügel und Berge angedeutet (Verl.-Anst. Benzinger & Co. A. G., Einsiedeln, Schweiz, 3886). Eine Andachtsübung auf der Bildrückseite lädt zum inneren Gebet ein.

Seit der cluniazensischen Reformbewegung des 10. bis 12. Jhs., in der die Christenheit zur Buße aufgerufen wurde, überwog die Mutter der Barmherzigkeit, die sich in mütterlicher Fürsorge beim Sohn verbürgt, um dem Zuflüchtigen Schutz zu gewähren. Im Bild wendet sich *Maria* jetzt ihrem Kinde zu, welches seine Mutter mit Augen und Händen sucht. Der andächtige Betrachter wird schon durch die ikonographischen Besonderheiten in die Aura von fürsorglicher Liebe mit einbezogen, was von der besonderen Sensibilität und psychologischen Einfühlungskraft des Künstlers zeugt. Die aktive Rolle fällt dem Christus-Kind zu. Die Mutter reagiert auf seine ungestüm zärtliche Suche nach Geborgenheit mit einer eleganten, aber passiven Gestik. Die gefühlsbetonte Wirkung dieser Bilder wird noch gesteigert, wenn Jesus in bewegter Stimmung gleichsam an der Mutter hochsteigt. (Siehe dazu „Madonna und Kind in gegenseitiger Umarmung" aus dem Buch „Madonna und Kind" von R. G. *Kecks*, S, 54 f., der das häusliche Andachtsbild im Florenz des 15. Jhs. in

Bild Nr. 77

Bild Nr. 78

seiner Ikonographie und Bedeutung untersucht und interpretiert.)

Unter ihrem schützenden Mantel versammeln und bewahren sich alle, gleich welcher Herkunft und welcher Stellung. **Bild Nr. 77** zeigt eine „Schutzmantelmadonna“ (Markdorf, um 1470, Rottenburger Kunstverlag Ver sacrum, Nr. 817 D). Die Idee, die diesem Bildtypus zugrundeliegt, kommt aus dem mittelalterlichen Schutz- oder Asylrecht, das angesehene Personen, besonders Frauen, Verfolgten und Angeklagten mit ihrem Mantel gewähren konnten. Männer konnten verwaisten Kindern Befreiung aus Elend und Rechtlosigkeit zuteil werden lassen. Im 12. Jh. übernahm die Kirche dieses Schutzmantelrecht, Mantel-Kindschaft und Mantel-Flucht: *„Maria, Gott hat dich erwählt. In allem, was uns Menschen quält, darfst du uns Schutz und Hilfe sein, du läßt uns Menschen nicht allein. Du Mutter voller Güte, uns allezeit behüte.“*, steht auf der Rückseite des vierseitigen Bildes.

Eine besonders innige, Ruhe einflößende, wirkliche Andacht im Herzen vermittelnde Darstellung der Liebe *Mariae* ist die Ikone auf **Bild Nr. 78** (N. *Schelechoff*, Rottenburger Kunstverlag Ver sacrum, Nr. 821 D). Sie fällt unter den Typus *Glykonphilousa*, d.h. die *Süßküssende* nach der Einteilung von H. u. M. *Schmidt* in „Die vergessene Bildsprache christlicher Kunst“ (S.204).

Maria als „schöne Madonna“ zeigen die **Bilder Nr. 79, Nr. 80** und **Nr. 81**. Die „Sixtinische Madonna“ von *Raffael* um 1520 auf **Bild Nr. 79** (Rottenburger Kunstverlag Ver sacrum, Nr. 313) und die Madonna mit Kind auf **Bild Nr. 80** sind Darstellungen Florentiner Renaissance-Meister.

Bild Nr. 80 ist eine Nachbildung des Gemäldes „Madonna im Rosenhag“, um 1500 (A. *Dümpelmann*, München) des Malers Francesco *Francia*. Das Bild ist leicht „verfälscht“, im Original ist das Jesus-Kind völlig nackt,

Bild Nr. 79

Bild Nr. 80

auch die Landschaft im Hintergrund weist geringfügige Veränderungen auf. Dieses Bild wird in der Einführung zu den Meisterwerken „Madonnen" (hrsg. v. Georg *Biermann*) von Norbert *Lieb* mit folgenden Worten beschrieben. Da es mein persönliches „Lieblingsbild" ist und ich nicht in der anschaulichen Sprache des Kunsthistorikers sprechen kann, möchte ich seine Beschreibung einfach wiedergeben:

„Um 1500 sieht der Bologneser Francia das Bild der Muttergottes – keine jenseitige Vision, sondern im hellen südländischen Frühlingsmorgen über weit aufgetaner Landschaft eine erdenfrohe Wirklickkeit, die eines Himmelsglücks teilhaftig ist. In der frischen Blumenwiese ruht auf einem karminroten Tuch – einem Herzton des Malergefühls – das Kind. Blüten breiten ein natürliches Muster vor sein Kissen. Groß und nahe, in der stetigen Gestaltfreude italienischer Kunst, steht daneben mit fromm gekreuzten Händen Maria, ein hin-

Bild Nr. 81

gegebenes Standbild in himmelslichtem Blau. Mit aller Lust des Goldschmied-Malers ist das feine Ziergespinst der Gewandsäume erfunden. Das mit dunkelblonden hängenden Locken geneigte liebliche Haupt pflegt die wortlose Zwiesprache von Mutter und Kind. Menschliche Nähe und gottgeordnete Ferne der einzigartigen Mutter-Gottes-Beziehung sind gleicherweise angedeutet. Darum rahmt ein leichter Rosenhag, in dem Vögel verweilen, die kleine Freilichtbühne. Über den Wiesenplan des Mittelgrundes, die Stadt- und Burgbauten, Villen und Berge des blauenden Hintergunds weht in Bäumen und Wolken ein sanfter Wind. Von der ´Ursache unserer Freude´, die im Kinde liegt, aufsteigend, will ´Leben und Süßigkeit´ das ganze Bild durchatmen." (S. 4).

„MATER AMABILIS", die „liebenswerte Mutter", ist der Titel der Mariendarstellung mit langem blonden Haar, die mit einer rosa Rose in der rechten Hand vor dem Kinde kniet. (**Bild Nr. 81**, B. Kühlen, M. Gladbach, Nr. 1733). Das Bild trägt auf der Rückseite ein „Päpstliches Friedensgebet" während des Maimonats 1915 mit Möglichkeit einer Ablaßgewinnung bei täglicher Ausführung des Gebets.

Bild Nr. 82 zeigt *Maria*, in Anbetung des göttlichen Kindes auf ihrem Schoße, aus einem blühenden Rosenstrauche hervorgehend. Hier liegt eine Anlehnung an den Bildtypus „Maria im Rosenhag" vor, den wir schon bei Francesco *Francia* hatten, der aus dem *Hortus conclusus* des Hohen Liedes und dem Paradiesgarten (1. Mose 2, 8–15) entspringt. Das „Tor des Paradieses", durch die erste *Eva* verschlossen, ist durch *Maria* allen geöffnet worden. Im Garten ist die Freude an der erwachenden Frühlingsnatur ausgedrückt. In unserem Bild ist diese Szenerie nur angedeutet. *Maria* geht gleichsam aus dem „Baum des Lebens" hervor. In sich erweiternden Ovalen sind eine

Bild Nr. 82

Bild Nr. 83

Bild Nr. 84

Bild Nr. 85

Aura des Heiligen Geistes, mit der weißen Taube als Krönung, die Himmelssphäre mit Sternen und letztendlich das Haus Gottes mit dem segnenden Vater angedeutet (*B.* Kühlen, M.gladbach, Serie II, Cum appr. eccl.).

Maria unsere *„Knotenlöserin"*, eine Photographie eines Bildes aus St. *Peter* in Augsburg, löst symbolisch alle Verwirrungen im Leben der Menschen, deren Ursprung die Sünde ist (**Bild Nr. 83**, Druck J. Kral, Abensberg, Nr. 1697).

„Mater Salvatoris": Das schwarz-weiße **Stanzspitzenbild Nr. 84** aus dem Hause *Benzinger*, Einsiedeln, ist eine feine Darstellung von Mutter mit Kind. Das Kind trägt Kreuz und Dornenkrone, auf dem Tisch liegen Nägel und Hammer, die Leidenswerkzeuge. Senkt *Maria* demütig die Augen, bezieht das Kind durch seinen geraden, offenen Blick den Betrachter ins Bild mit ein.

Maria auf der Mondsichel auf **Bild Nr. 85** ist eine Reproduktion der Himmelskönigin auf der Mondsichel, als Zeichen ihrer Erhöhung, von Engelchen umrahmt (peka-Verlags GmbH 4/282), in Altötting gekauft).

In der Gestalt *Mariens* vereinigen sich Vorstellungen irdischer Erdmutterschaft, Fruchtbarkeitsgöttin, und kosmischer Astralgottheit. Wesentliches Symbol für Gebären, Wachsen, Nähren und Pflegen, also für alle „mütterlichen" Attribute des ansonsten „männlichen" Weltprinzips ist der Mond, dessen phasenbedingter Einfluß auf das irdische Wachstum beobachtet und im 28-tägigen Zyklus der Frau selbst erfahren wird. Später im 12. Jahrhundert werden die Attribute Mond, Sonne und Gestirne zu Zeichen der Schönheit und besonders Reinheit der Gottesmutter: *„Wie den Mond die Sonne bleicht und der Mond die Sternenschar, strahlt Maria unerreicht vor der anderen Schöpfung klar"* (*Adam* von St. *Viktor*, 12.Jh.). *Mariens* „höheres Geheimnis“, in Lilie und Rose dargestellt, ist eine Synthese von Jungfräulichkeit und Mutterschaft, erwählte menschliche Trägerin der Menschwerdung einer göttlichen Person, die zum Heil der Welt gesandt ist. Tausendfach interpretiert, erweckt sie beim Gläubigen, der sich ihr öffnet, immer scheue Verehrung für ihre „Wegbereitung“ des Herrn, nahe Liebe und Mitleid, wenn sie schmerzzerissen unter dem Kreuze kniet und hoffnungsvoll als „Siegbringerin“ erscheint und bewegte Teilnahme als mädchenhaft gebliebene „Magd des Herrn“ und „Mutter Gottes“. Seit dem 14. Jh. erscheint *Maria* auf der Mondsichel und im Strahlenkranz in vielerlei Variationen. Der Strahlenkranz, als Symbol Jesu, der „Sonne der Gerechtigkeit“ steht dem Symbol der Unbeständigkeit, der irdischen Vergänglichkeit, dem Mond, gegenüber. Die 12 Sterne über ihrem Haupt, Sinnbild der 12 Stämme Israels, der 12 Apostel, werden zur schimmernden Krone.

Bei den auf Kommerz ausgerichteten Reproduktionen wie in Bild Nr. 85 ist typisch, daß sich wesentliche Elemente zu einem etwas oberflächlichen Gesamteindruck verwässern. Die nach oben verdrehten Augen wirken etwas „dümmlich“, zu süßlich oder kitschig.

Zeigte sich auf den älteren Darstellungen eine innigere und „hautnahere“ Atmosphäre, wird diese im Schutzengel-Bildchen, die gerade heute nicht nur in Devotionalienläden, sondern auch im vorweihnachtlichen Romantik- und Konsumtaumel beliebte Begleitfiguren für alle Belange des Lebens bilden, vollends deutlich.

Bild Nr. 86

Schutzengelbilder

Der Engel auf **Bild Nr. 86** ist ein Ausschnitt aus „Mariae Verkündigung“ (Kölner Meister um 1310–1340, Wallraf-Richartz-Museum, Köln, EOS 204).

Bild Nr. 87

Bild Nr. 88

Bild Nr. 89

Märchenhaft schön ist das **Bild Nr. 87**: *„Habe Acht auf deinen Engel und höre seine Stimme."* II Mose 23,21. Die Kulisse im Hintergrund läßt einen fast an Schloß Neuschwanstein denken! (Ein Stahlstich von Carl *Mayer*, Nürnberg, 400)

Zwei **Bildchen Nr. 88** und **89** zeigen die guten Schutzgeister bei der „Arbeit". *„Vor dem Antlitze der Engel, will ich Dir lobsingen"* betet das kleine Mädchen vor dem Christusbild (**Bild Nr. 88**). **Bild Nr. 89**: *„Ein treuer Freund ist ein starker Schutz"* (Eccl.6,14.): Auf dem Schulwege stapfen durch dicken Schnee zwei Kinder. Der Junge hat seinen schützenden Arm um sein kleines Schwesterlein gelegt. Auf der Rückseite ist ein Gebet abgedruckt:

„Heiliger Schutzengel, von dem himmlischen Vater mir beigegeben, um vor jeder Gefahr der Seele und des Leibes mich zu bewahren; nimm hin meinen Dank für Deinen treuen Schutz. Säume nicht mir auch ferner hilfreich beizustehen und jede Gefahr besonders die der Sünde abzuwenden."

(Mit kirchlicher Druckerlaubnis)

Wie liebreizend diese Schutzengelbilder (oder kitschig?) sein können, zeigen die **Bilder Nr. 90**, **Nr. 91** und **Nr. 92** aus einem Altöttinger Devotionalienladen: Kinder überqueren glücklich ein fehlendes Brett auf der Brücke, ein Schutzengel hält das kleine Mädchen und den kleinen Jungen vor dem Abgrund zurück. Mädchen und Junge beten andächtig auf den Knien vor dem Zubettgehen. Ein Engel wacht über ihr Gebet. Ich muß ganz ehrlich sagen, abgesehen von dem Engel auf Bild Nr. 90, der allzu rot geschminkte Lippen und ein zu mondänes Aussehen hat, finde ich die Bildchen rührend.

Bild Nr. 90

Bild Nr. 91

Der besondere Liebreiz, diese besondere Anrührigkeit wie auch Eleganz der Ausführung, wie wir sie auf unserem Schutzengelbild mit der märchenhaften Atmosphäre und der Stanzspitzen-Umrahmung kennengelernt haben, sind es wohl auch, was ältere Bilder so „persönlich“ und heute so geschätzt macht. Dem Leser ist sicher nicht entgangen, daß ich dem sogenannten „Kitsch“ recht wohlwollend gegenüberstehe, daß ich die große „Aura“ früherer Bilder hervorhebe und sie auch im Kitsch nicht allzusehr „geopfert“ sehe. Trotzdem kann ich auch nicht sagen, daß jetzt gängige Bilder einen wirklichen „Verlust der Aura“ erfahren haben. Am Beispiel der *Maria* als „Knotenlöserin“ oder der Ikone *Maria* mit Kind zeigt sich, daß eine photographische Abbildung als heute gängigste Verbreitungsform zur echten Andacht einladen kann. Der direktere und auch nüchternere Bezug auf das Wesentliche ist angebracht, weil die „Ablenkung“ durch schmuckvolle Umrahmungen,

Bild Nr. 92

durch heute nicht mehr zeitgemäße und dadurch auch nicht mehr wirklich nachempfindbare Jesu-Kind-Mystik und Symbolüberfrachtung, deren Bedeutungsreichtum nur noch dem „Kenner“ bekannt ist, zumindest in unseren Breiten keine religiösen Gefühle mehr erzeugt. Diesem nach heutigem Frömmigkeitsverständnis gegebenen „Ablenkungsspielraum“ wollen wir jetzt nachgehen.

4. Andachtsbilder früher

Funktionen

Ostersakramente, Erstkommunion, Primiz

Die zwei Osterbeicht-Bilder **Nr. 93** und **94** aus St. *Peter* in München aus den Jahren 1905 und 1908 zeigen die Kreuzigungsgruppe und Jesus als „Guten Hirten“. Beide haben einen Teil zum Abreißen, **Bild Nr. 94** hat auf der Rückseite eine Anleitung für Erhalt eines vollkommenen Ablasses für die Sterbestunde aufgedruckt. Der Abriß war als „Beweis“ für eine erfolgte Beichte gedacht. Im Oberpfälzer Raum stattete der Pfarrer noch in den dreißiger Jahren nach Ostern seinen ihm anvertrauten Familien einen Besuch ab, machte eine „Seelenbeschreibung“ seiner Gläubigen und sammelte bei dieser Gelegenheit gleich die Abrisse der Osterbildchen ein.

Das maschinell erstellte, gestanzte Spitzenbild **Nr. 95** (ohne weitere Angaben) ist ein Kommunionbild mit dem Spruch *„Sei mir gegrüßt, o süßestes Kind Jesus, das in Wahrheit Aller Herzen an sich zieht!“* Das Abbild des Jesus-Kindes mit flammendem Herzen, Kreuz, Kelch und Dornenkrone ist ein „Heiliges Andenken“ mit speziellen Gebeten auf der Rückseite und persönlichem Bezug: *„… empfing die erste hl. Kommunion in der Pfarrkir-*

Bild Nr. 93

Bild Nr. 94

Bild Nr. 95

Bild Nr. 96

che zu ..." Der Vordruck ist leer geblieben. Das Bild wendet sich an das einzelne Kind, das zu einer bestimmten Pfarrei gehört. Es ist ein schmuckvolles Medaillon, das, im Jugendstil gehalten, von Blumen und Spitzen umrahmt ist. Das Medaillon in der Bildmitte ist ein Schwarz-Weiß-Druck. Die Ausschmückung ist in zartem Goldton gehalten.

Vom Jahre 1913 ist das ebenfalls sehr persönlich ansprechende Andachtsbild **Nr. 96**, das ein Mädchen inbrünstig, – *„Der Seele Liebesverlangen"* steht über einem langen Gedicht von *Cordula Peregrina* auf der Rückseite des Bildes –, nach der hl. Kommunion verlangend, abbildet. Die Lilien als Zeichen der Reinheit und Unschuld auf der rechten Bildseite und die in zartem Grün, Rosa und Beige gehaltene Bildatmosphäre erzeugen eine Aura himmlischer Schönheit und Anmut. Der Bildrand ist durch Zacken verziert (Nr. 9023, ohne weitere Angaben). Das Bild ist auf der Rückseite mit einem Stempel des Namens und der Oberin versehen, stammt also wahrscheinlich aus einer Klosterschule.

Innerhalb dieser Tradition bewegen sich sicherlich die hauptsächlich in Wallfahrtsorten wie Altötting noch gängigen „flüchtigeren" Abbildungen kommunizierender Mädchen und Buben, wie wir sie auf den Bildern Nr. 25 und Nr. 26 schon gesehen haben. Umrahmende Engelgestalten oder allzu dick aufgetragene Verklärung der Kommunionmädchen und -buben angesichts der strahlenden Hostie romantisieren die reale Bedeutung des Kirchenereignisses zu sehr. So jedenfalls lautet kirchliche Bewertung des Kitsches „ultrakonservativer" Kreise. Auf dieses Problem werden wir bei der Besprechung des Kitsches angesichts maschineller Massenproduktion zurückkommen.

„Sie erkannten ihn am Brotbrechen": **Bild Nr. 97** ist eine Darstellung der Emmaus-Jünger durch den Maler Gebh. *Fugel*, die ihren

Bild Nr. 97

Herrn erkennen, als er für sie das Brot brach. Das Bild stellt ein Kommunionbild dar, auf dessen Rückseite zugleich Preise für Kerzen, Myrthensträußchen und sonstige wichtige Utensilien anläßlich des festlichen Ereignisses abgedruckt sind, Werbung für die Kunst- und Bücherstube *Unitas* in Nürnberg (Ars sacra, 9854, eccl. appr.). Bilder des Malers Gebhard *Fugel*, geb. 1863, sind neben Malern wie *Deger*, *Ittenbach*, A. u. C. *Müller*, Paul von *Deschwanden*, dem „wahren Bildermissionar", Ludwig *Seitz* oder Martin *Feuerstein* typische Beispiele der Nazarener Bildreform *„in der verweichlichten Abschwächung ihrer Düsseldorfer Nachblüte"* (*Spamer*, S. 271).

Bild Nr. 98 zeigt das reale Ereignis der Kommunion in stimmungsvoller Atmosphäre:

Bild Nr. 98

Bild Nr. 99

Bild Nr. 100

Bild Nr. 101

„Komm, o Jesus, komm in mein Herz, das nach Dir schmachtet! Komm, mein Gott, komm mein höchstes Gut, mein Alles!" (Hl. *Alphonsus*) (Gebh. *Fugel*, Verlag Max Hirmer, München, 1916).

„Zum Andenken an den Tag der heiligen Firmung": Dieses **Bild Nr. 99** ist eine „volkstümliche" Version der „Ausgießung des Heiligen Geistes" von *El Greco*. Auf der Rückseite ist ein Gebet zur Erneuerung der hl. Firmungsgnade abgedruckt (Max *Hirmer*, München, Nr. 3191).

Das Primizbild von 1939, **Bild Nr. 100**, mit einer realistisch dargestellten Bibelszene durch den Maler *Fugel*, *„Lasset die Kleinen zu mir kommen!"* (Matth. 19, 14), trägt auf der Rückseite eine Aufstellung von 27 Personen, die *„Nach Gottes heiligem Willen ... an den Weihaltar"* traten (Ars sacra, Nr. 3182).

Das 40jährige Priesterjubiläum im Jahre 1938 soll eine innige Darstellung Mariens mit dem Jesuskind ehren (**Bild Nr. 101**, A. *Juenger*, Ars sacra, 3770): *„Maria, Mutter der Gnade, Mutter der Barmherzigkeit, beschütze uns vor dem bösen Feind und nimm uns auf in der Stunde des Todes!"* (300 Tage Ablaß)

Bild Nr. 102 zeigt den zukünftigen Priester auf den Knien, andächtig das Allerheiligste anflehend (Ars sacra, 3348):
„Komm, o komm, Du lieber Gast, meiner Seele süßer Rast, meiner Jugend Sonnenschein, halte meine Seele rein!“

Die Wiesenmadonna aus dem Hummelbuch auf **Bild Nr. 103** wurde zum Andenken an die hl. Weihe und Primiz im Jahre 1935 gewählt. Zwei Kinder verehren Mutter mit Kind auf einem Marterl im Grünen. Diese Photographie ist ein gefühlvolles Abbild kindlicher Andacht (Aus dem Hummelbuch, F.100).

Eine Abbildung der „Madonna auf der Mondsichel“ durch *Murillo* bildet den Rahmen für das Primizbild **Nr. 104** von 1933 (GF-CHKM, 4319, Cum appr. eccl.). Die Symbolik dieses Bildtypus haben wir bereits besprochen.

Bild Nr. 102

Bild Nr. 103

Bild Nr. 104

Bild Nr. 105

Bild Nr. 106

Die Abbildung der Hl. *Angela Merici* auf dem Primizbild **Nr. 105** zeigt die Nonne, wie sie um sich gescharte Kinder in der Bibel unterweist. Das Gemälde von O. *Voelkel* p. ist eine realistisch dargestellte, stimmungsvolle Szene aus dem Lebenskreis der Klosterschwester mit seinen Aufgaben und der Verantwortung. Das Bild vom Jahr 1916 ist ein billig hergestellter Farbdruck. Das Motiv ist ausschnitthaft, in halbrunder Bogenform, dargestellt. Vom Fenster auf der rechten Bildseite fällt das Licht auf die in Andacht versunkenen Personen herein. An der Bildunterseite steht der Spruch: *„Eine größere Freude habe ich nicht, als die, daß ich höre, meine Kinder wandeln in der Wahrheit.“* Joh. VII. (389, Cum appr. eccl.)

Bild Nr. 106 ist eine Darstellung der Familie zu Bethlehem. Das Primizbildchen von 1904 ist ein gestochen scharfer Druck in für mich ganz besonders bezaubernder Farbgebung. Vom Himmel schauen vier Engel auf die bewegende Szene herab. Die Hl. Drei Könige beten das Kind Jesu an. Im Bildhintergrund warten zwei Kamele (*Kammermeier*, Ingolstadt).

Zentrale Momente des priesterlichen Lebens und Wirkens als Stellvertreter Gottes sind auf dem Erinnerungsbild **Nr. 107** zum 25jährigen Priesterjubiläum im Jahre 1903 abgebildet: *„Effundetur in remissionem peccatorum.“* (Carl Aug. Seyfried & Comp., München).

Das Bild *„zur andauernden Gebetserinnerung an das Erste Heilige Meßopfer“*, **Bild Nr. 108**, zeigt den kommenden Pfarrer in seiner lebensspendenden Funktion, garniert von zwei Engeln, wie er sich anschickt, die Stufen des Altars hinunterzuschreiten (Kunstanstalten Josef Müller, München).

Im Primizbild **Nr. 109** aus dem Jahr 1881 ist das flammende, bekrönte Herz innerhalb

Bild Nr. 107

eines gekreuzten Straußes von Lilien und Rosen über den Wolken und mit einem himmlichen Strahlenkranz, IHS, umrahmt. Das gestanzte Spitzenbild in Schwarz-Weiß trägt den Spruch: *„Dein süßes Herz mein Jesu lehr'. Mich es doch lieben immer mehr!"* (Serz & Co., Nürnberg).

Ein besonders reizvolles Beispiel maschinell verfertigter Stanzspitzenbilder ist das Primizbild aus dem Jahr 1884 (siehe **Titelblatt**). Der übermächtige Schutzengel mit rotem Rock wacht über das kleine Mädchen in blauem Kleid, das vor einem Abgrund Blumen pflückt. Die phantasievolle Umrahmung dieses kleinen Farbdruckes unterstreicht den märchenhaften Charakter der Darstellung. Die Auswahl als Primizbild ist, wie auch schon auf Bildern zuvor, erstaunlich, weil man als Besitzer des Bildes eher ein Kind vermuten würde. Die „Kindschaft Gottes" ist hier unmittelbar anschaulich präsent.

Bild Nr. 108

Bild Nr. 109

Trauerbildchen

Das Sterbebild vom Jahr 1902, **Bild Nr. 110**, stellt unmittelbar den Abwurf irdischer Ketten angesichts der Gottesmutter im Himmel dar. Der Pfad im Bildhintergrund führt bergaufwärts. Das Kreuz auf dem Berggipfel strahlt himmlische Herrlichkeit aus. Das Bild ist eine Illustration zum Text am Bildunterrand: *„Reinste Jungfrau, brich meine Sclavenketten und entferne alles dir Missfällige aus meiner Seele.“* Dieser direkt anschauliche Aufstieg der alle irdischen Ketten abwerfenden, scheidenden Seele ist eine schmucklose Reproduktion ohne weitere Angaben. In allegorischer Sprache wird christliches Todesverständnis inbrünstig ins Bild gesetzt.

Die mystische Darstellung auf dem Sterbebild, **Bild Nr. 111**, vom Jahre 1913 zeigt die Verheißungen und Erscheinung des hlst. Herzens *Jesu* für die Klosterschwester *Marga-*

Bild Nr. 110

Bild Nr. 111

Bild Nr. 112

Bild Nr. 113

Bild Nr. 114

Bild Nr. 115

Bild Nr. 116

retha Alacoque (L. *Glötzle*, Ges.f.christl.Kunst, M., 189).

„Dem Heldentod fürs Vaterland folgt Lohn aus Gottes Vaterhand.“: Das **Sterbebild Nr. 112** aus dem Kriegs-Jahr 1917 zeigt dem Sterbenden angesichts des Kreuzes in Gestalt eines übergroßen Engels den sinnvollen „Lohn“ seines Opfers. Das Bild erfährt somit eine Politisierung, weil der Krieg im Zeichen des Kreuzes verharmlost wird (Leopold Bermüller, Freystadt).

Eine biblisch „gerechtere“ Darstellung des Todes zeigen die vier Sterbebilder **Nr. 113–116** einer Frau aus dem Jahr 1940: Zwei Motive zeigen die Mutter *Maria* als Mutter der Schmerzen und Mutter der Liebe, Mutter des Leidens und der Barmherzigkeit und zwei Motive *Jesus* auf seinem Kreuzgang und nach seiner Auferstehung. Die Produktion von vier Sterbebildern dokumentiert nicht nur den ökonomischen Stand der Toten – es handelt sich um eine ehem. Ökonoms- und Wagnermeistersgattin –, sondern auch eine große symbolische Bedeutung des Bildes. Man könnte sagen, daß eine ganzheitliche Darstellung der Überwindung des schmerzvollen Abschiednehmens im Zeichen christlicher Auferstehung die vier Sterbebilder zu einer sinnvollen Einheit verbindet (Brönner (Seitz) & Daentler, Eichstätt, 9058, 9033, 9029, 9049, GFCHKM, Cum appr. eccl.).

Auch an den Tod eines 28jährigen Fräuleins im Jahre 1904 errinnern die vier Sterbebilder **Nr. 117 – 120** des Pariser Großverlags L. *Turgis*: Christus am Kreuze, mit einem Gebet zur Bereuung der Sünden, Darstellung der Spannung zwischen den Gefahren des Höllenfeuers und himmlischer Gerechtigkeit im Zeichen der Eucharistie und zwei Heilige als Fürsprecher, der Hl. *Alois und* die Hl. *Klara* verbürgen für das Heil der Verstorbenen (Ottmar Zieher, München).

Bild Nr. 117

Bild Nr. 118

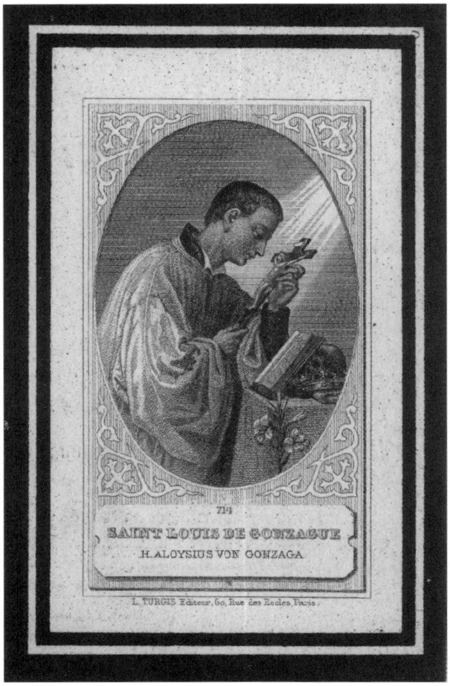

Bild Nr. 119

Bild Nr. 120

Bild Nr. 121

Bild Nr. 122

Bild Nr. 123

Bild Nr. 124

„Süßes Herz Jesu, sei meine Liebe" steht auf dem Sterbebild **Nr. 121** des Jahres 1942 der Verlagsfirma *Benzinger*, Einsiedeln in der Schweiz (Dep. 6493, Druckerei Gg. Schlierf, Neumarkt).

Innigkeit und Atmosphäre strahlen auch die zwei Sterbebilder **Nr. 122** und **123** aus dem Jahre 1957 aus. Beide Bilder lassen trotz des intensiven Schwarz-Weiß-Kontrastes, trotz Tod und Leben, Schmerz und Liebe im Zeichen des Kreuzes eine Versöhnung zu. Gegensätzlichkeit von Licht und Dunkelheit, wie sie in allem Leben gegeben ist, läßt das hervorbrechende Licht aus der Düsternis besonders tröstlich und wirkungsvoll erscheinen (H Sch K 600 und 1358).

Lebensnah, phantasievoll und voller Allegorie stellen sich alte Sterbebilder dar. In **Bild Nr. 124** von 1910 betet *Maria* zu Füßen des sterbenen Heilands. Sie umarmt das Kreuz und läßt ihren Kopf auf seinen Füßen ruhen. Daneben ist ein Gebet abgedruckt (Bouasse-Lebel, Nr. 1165, Ernst Bernhard München).

Das Bild **Nr. 125** vom Jahre 1904 (Benzinger & Co., Einsiedeln) zeigt alle Stationen irdischer Suche und Verderbnis, von den armen Seelen im Fegefeuer über die Qual des Kreuzes bis zum allmächtig wirkenden Vater im Zeichen des Hl. Geistes:

Aufopferung:

„Ewiger Vater, wir opfern dir auf das Blut, das Leiden und den Tod Jesu Christi, die Schmerzen der allerseligsten Jungfrau und des heil. Joseph zur Genugthuung für unsere Sünden, zur Hilfe und zum Troste der armen Seelen im Fegfeuer, für die Anliegen unserer hl. Mutter der Kirche und für die Bekehrung der Sünder.

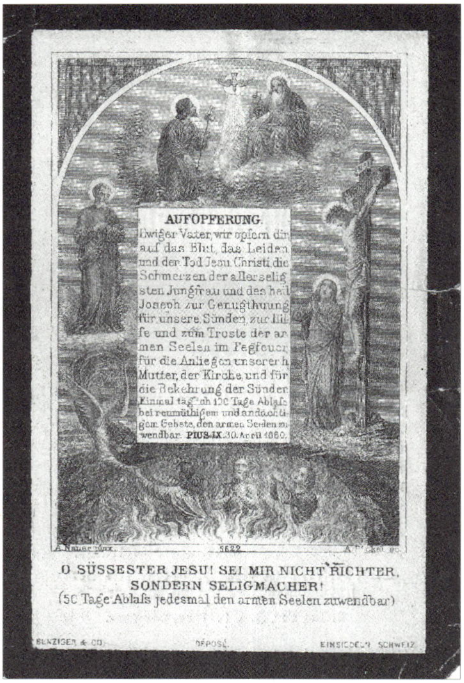

Bild Nr. 125

Bild Nr. 126

Einmal täglich 100 Tage Ablaß bei reumüthigem und andächtigem Gebete den armen Seelen zuwendbar. **Pius IX** 30. April 1860

Bild Nr. 126 (O. Dischner, Pasing) vom Jahre 1904 ist eine Allegorie auf den Kreuzestod Jesu Christi: Der Pelikan, der seine Jungen mit seinem Blut tränkt, wird im Mittelalter zum Sinnbild Christi im Heiligen Abendmahl. Die ursprüngliche Geschichte lautet so: Die heranwachsenden Pelikan-Jungen schlagen ihre Eltern. Diese strafen und töten sie dafür, bereuen dies aber hinterher. Am dritten Tage öffnet der Vater seine Brust und läßt auf seine toten Jungen Blut fließen. Sie erwachen zum Leben. Wird dieses Öffnen der Brust zuerst nur mit dem Öffnen der Seite Jesu am Kreuze verglichen, wird es bei *Wolfram von Eschenbach* zum Opfertod. Der Pelikan stirbt. Aus dem 13. Jh. heißt es in einem Fronleichnamsgebet bei *Thomas von Aquin*: *„Laß, Jesu, Herr und Heiland, teurer Pelikan,/ von deinem Blut mich Sünder Reinigung empfahn."* (Aus: H. u. M. *Schmidt*, Die vergessene Bildersprache christlicher Kunst, 93 f.)

Die größere Zahl gedruckter Bilder früher läßt auf eine wichtigere Bedeutung des Sterbebildchens schließen. Auch die Motive sind von ergreifender Innigkeit und zeigen die Tragik des Todes und die Hoffnung der Auferstehung auf anschauliche, phantasievoll ausgeschmückte und mit viel Symbolik angereicherte Weise. Diese anrührende und „persönlich" betonte, religiöse Aura ist besonders bei den Bildchen für alle Zwecke kirchlicher bis frömmelnd-pädagogischer Art kennzeichnend.

Besondere Andachten, Anleitungen zum christlichen Leben

Beginnen wir mit dem Emmaus-Motiv, das wir auch bei modernen Andachtsbildern schon hatten. Die verklärt wirkende Szene auf **Bild Nr. 127** zeigt die Jünger in überraschter und demütiger Haltung vor dem brotbrechenden Christus: *„Geglaubt und erkannt“* leitet auf der Bild-Rückseite eine Meditation von *Cordula Peregrina* ein. Christus im verklärenden Schein, die bewegte Landschaft im Hintergrund mit aufgehender Sonne und die zarten Pastellfarben erzeugen eine Stimmung aufgehender Hoffnung. Der Bildrand ist durch Zacken aufgelockert (Kunstanstalten Josef Müller, München).

Bild Nr. 127

Was fällt auf, wenn ältere Darstellungen in ihrem Meditationsgehalt betrachtet werden? Dieser ist, wie wir zunächst sehen werden, situationsbezogener und soll unmittelbar „wirksame“ Anleitungen zur Andacht vermitteln. In diesem Sinne beschreibt „Das göttliche Kind Jesus“ auf dem vierseitigen **Bild Nr. 128** im inwendigen Text *Jesus* als vorbildlichen Lehrer der Kinder mit u.a. folgendem Gedicht (Benzinger & Co., Einsiedeln):

Jesus, holder Gottesknabe!
Reich an jeder schönen Gabe,
Reich an Tugend und Verstand,
Warst du an der Mutter Hand,
Warst du in der Eltern Hütte,
Warst du in der Lehrer Mitte,
Stets ein Muster jeder Tugend
Für die zarte liebe Jugend.

Bild Nr. 128

Bild Nr. 129 erzählt das tugendvolle Leben des Gottesknaben in der Eltern Hütte, im „Häuschen zu Nazareth“ in „engelhaften“ Worten (B. Kühlen, M.Gladbach, Von Oer-Serie II):

Bild Nr. 129

Bild Nr. 130

Auf zarten Füßchen eilt er hin
Zur holden Jungfrau makelrein:
„Wie gerne doch ich bei dir bin
Mein vielgeliebtes Mütterlein!“
.....
Ein andrer Himmelsbote, der
Am Boden kauert, drauf bedacht,
Daß sauber er das Stübchen kehr',
Er schaut empor, sein Auge lacht.
.....
O welch´ ein traulich schönes Bild,
Der große Gott ein kleines Kind.
Und seine Mutter sanft und mild
Und seine Englein treu gesinnt!
.... *(Margarethe Mirbach)*

Der große Gott ein kleines Kind, ein gewissenhafter Arbeiter: *„Jesus, demütig und sanftmütig von Herzen ...“*, verrichtet seinen Dienst als Zimmermann an der Werkbank auf **Bild Nr. 130.**

Dieses tugendvolle Leben findet im *„goldenen Alphabet für die Jugend“* mit biblischer

Darstellung des segnenden Christus auf der Vorderseite von **Bild Nr. 131** seinen realen Niederschlag. Für jeden Buchstaben steht eine christliche Lebens- und Tugendmaxime (R. Kühlwein, Regensburg, 1917, Gebetsperlen Nr. 27, Aufgeschlagene Bildinnenseite):

.....

F. - Frömmigkeit:

„Es ist Erfahrungstatsache, daß ohne Frömmigkeit und ihre wiederholten Übungen, Religion und Glaube keinen Bestand haben können. Wahre Frömmigkeit umfaßt die Erfüllung sämtlicher Pflichten!"

G. - Glaube:

„Wo die Sonne des Glaubens am Horizonte des Menschen hinabsinkt, da wird es Nacht um ihn: das Leben mit seinen schroffen Gegensätzen wird zum Rätsel, zur erdrückenden Last! – Sticht auch manche Lehre des Glaubens in den Stolz deines Kopfes, in die Weichlichkeit deines Herzens, – wanke nie; nur dem, der die Dornenkrone des Glaubens gerne trägt, wird sie sich einst wandeln in die Krone der Gerechtigkeit."

.....

Auch das „Andenken an die heilige Mission" auf **Bild Nr. 132** (Innenseite) soll jeden Sonntag die christliche Lebensordnung neu zur andächtigen Besinnung bringen: Nur eins ist notwendig. *„Rette deine Seele"*:

1. *Gleich beim Erwachen* mache andächtig das hl. Kreuzzeichen ...
2. Gehe, wenn möglich, *auch werktags* zur hl. Messe.
3. *Bei jedem Stundenschlage* sprich: Herr, Alles zu Deiner Ehre! ...
4. *Dein Abendgebet* verrichte vor dem Schlafengehen *auf den Knieen*! ...

.....

8. *Beobachtest du dieses alles*, so wirst du im Guten *ausharren*; – aber *schlimmer wirst du werden, als du vor den Exercitien gewesen*, wenn du nicht meidest die *freiwillige nächste Gelegenheit zur Sünde.*

Thue dies, so wirst du leben!

Bild Nr. 131

Im vierseitigen Bild ist auf der letzten Seite auszufüllen: Andenken an die hl. Mission zu ... vom ... bis. Außerdem ist es, wie die meisten älteren Bilder, eng mit der Ablaßgewinnung verbunden (B. Kühlen, M.Gladbach, Nr. 624 B).

„Nimm Christus in Dein Lebensschiff mit gläubigem Vertrauen" auf! Jesus ist mit seinen Jüngern beim Fischfang auf dem See Genezareth und ruft uns dazu auf:

„Sei kein Spielball der Launen!....."
„Sei kein Spielball der Leidenschaften!......"
„Binde dich an gute Menschen!....."
„Binde dich an deinen Beruf!....."

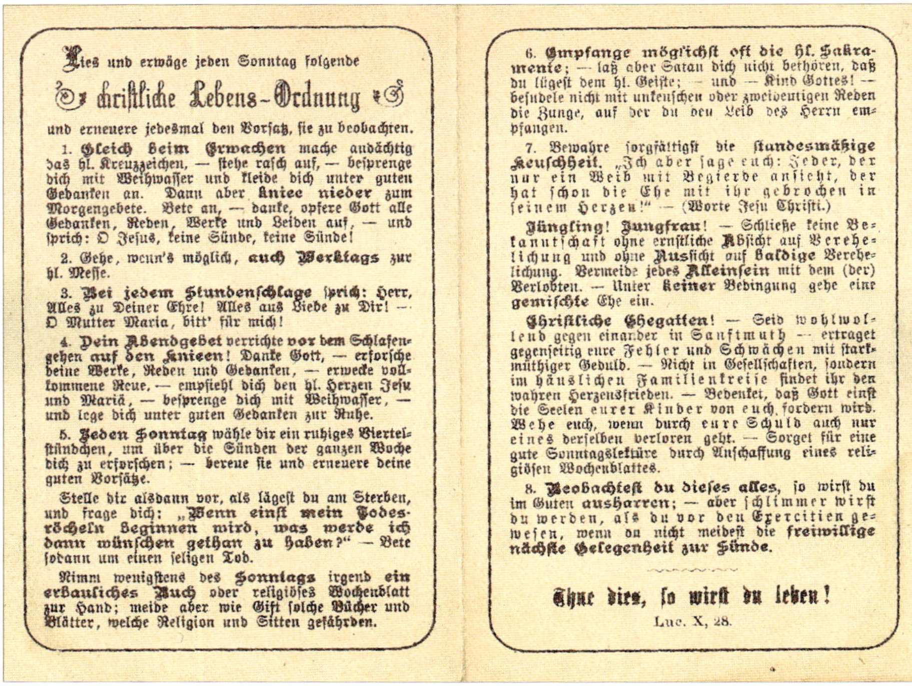

Lies und erwäge jeden Sonntag folgende

christliche Lebens-Ordnung

und erneuere jedesmal den Vorsatz, sie zu beobachten.

1. **Gleich beim Erwachen** mache andächtig das hl. Kreuzzeichen, — stehe rasch auf, — besprenge dich mit Weihwasser und kleide dich unter guten Gedanken an. Dann aber **kniee nieder** zum Morgengebete. Bete an, — danke, opfere Gott alle Gedanken, Reden, Werke und Leiden auf, — und sprich: O Jesus, keine Sünde, keine Sünde!

2. Gehe, wenn's möglich, **auch Werktags** zur hl. Messe.

3. **Bei jedem Stundenschlage** sprich: Herr, Alles zu Deiner Ehre! Alles aus Liebe zu Dir! — O Mutter Maria, bitt' für mich!

4. **Dein Abendgebet** verrichte **vor dem Schlafengehen auf den Knieen**! Danke Gott, — erforsche deine Werke, Reden und Gedanken, — erwecke vollkommene Reue, — empfiehl dich den hl. Herzen Jesu und Mariä, — besprenge dich mit Weihwasser, — und lege dich unter guten Gedanken zur Ruhe.

5. **Jeden Sonntag** wähle dir ein ruhiges Viertelstündchen, um über die Sünden der ganzen Woche dich zu erforschen; — bereue sie und erneuere deine guten Vorsätze.

Stelle dir alsdann vor, als lägest du am Sterben, und frage dich: „**Wenn einst mein Todesröcheln beginnen wird, was werde ich dann wünschen gethan zu haben?**“ — Bete sodann um einen seligen Tod.

Nimm wenigstens des **Sonntags** irgend **ein erbauliches Buch** oder religiöses Wochenblatt zur Hand; meide aber wie Gift solche Bücher und Blätter, welche Religion und Sitten gefährden.

6. **Empfange möglichst oft die hl. Sakramente**; — laß aber Satan dich nicht bethören, daß du lügest dem hl. Geiste; — und — Kind Gottes! — besudele nicht mit unkeuschen oder zweideutigen Reden die Zunge, auf der du den Leib des Herrn empfangen.

7. Bewahre sorgfältigst die **standesmäßige Keuschheit**. „Ich aber sage euch: Jeder, der nur ein Weib mit Begierde ansieht, der hat schon die Ehe mit ihr gebrochen in seinem Herzen!“ — (Worte Jesu Christi.)

Jüngling! Jungfrau! — Schließe keine Bekanntschaft ohne ernstliche **Absicht** auf Verehelichung und ohne **Aussicht** auf **baldige** Verehelichung. Vermeide jedes **Alleinsein** mit dem (der) Verlobten. — Unter **keiner** Bedingung gehe eine **gemischte** Ehe ein.

Christliche Ehegatten! — Seid wohlwollend gegen einander in Sanftmuth — ertraget gegenseitig eure Fehler und Schwächen mit starkmüthiger Geduld. — Nicht in Gesellschaften, sondern im häuslichen Familienkreise findet ihr den wahren Herzensfrieden. — Bedenket, daß Gott einst die Seelen eurer Kinder von euch fordern wird. Wehe euch, wenn durch eure Schuld auch nur eines derselben verloren geht. — Sorget für eine gute Sonntagslektüre durch Anschaffung eines religiösen Wochenblattes.

8. **Beobachtest du dieses alles**, so wirst du im Guten **ausharren**; — aber schlimmer wirst du werden, als du vor den Exercitien gewesen, wenn du nicht meidest die **freiwillige nächste Gelegenheit zur Sünde**.

Thue dies, so wirst du leben!

Luc. X, 28.

Bild Nr. 132

Bild Nr. 133

Und zuallererst:
„Binde dich, klammere dich mit allen Fasern deiner Seele an Gott!“

(**Bild Nr. 133**, Ph. Schumacher, Kunstanstalten Josef Müller, München)

„Ora et labora“ heißt dementsprechend auch die einfache Botschaft des Andachtsbildes **Nr. 134** (Max Hirmer, München, 2067).

Die Ablaßgewinnung ist auf **Bild Nr. 135**, einem Bild *„zum Besten“* eines Kirchenbaues, das Spendern oder Wohltätern *„sicheren Gewinn bringt für die allerkleinste Gabe“*, groß auf der Vorderseite unter dem Hl. *Josef* gezeigt: **100 Tage Ablaß**, P. Pius IX, 3. Juni 1874 (Carl Poellath, Schrobenhausen)

Das Bildchen **Nr. 136** mit Abbildung des sterbenden Jesus in den Armen seiner Mutter und Eucharistie-Feier trägt auf der Rückseite den zu betenden Text für einen *„vollkomme-*

Bild Nr. 134

Bild Nr. 135

nen Ablaß für die Sterbestunde" (Carl Aug. Seyfried & Comp., München).

Diese direkte pädagogische Funktion der Bildchen, eingebettet in kirchliche Rituale, haben wir schon bei Bild Nr. 7 kennengelernt. Die Darstellung des Bundes zwischen Gott und seinem Sohn, zwischen Gott und den Menschen, hat auf der Rückseite eine direkte Gebetsanleitung, ein Aufopferungs- und Bittgebet für den ersten Sonntag nach Pfingsten. Das Bild hat also eine Funktion im Ablauf des Kirchenjahres mit direkter Andachtsanleitung, und zwar regional für den Einflußbereich des Erzb. Ordinariats in Köln. Das Gebet dient auch zur Ablaß-Gewinnung „zur Erlangung eines guten Todes". (C. Poellath, Schrobenhausen)

„Neuntägige Andacht zu Maria, Hilfe der Christen, duch den seligen Johannes Bosco empfohlen":

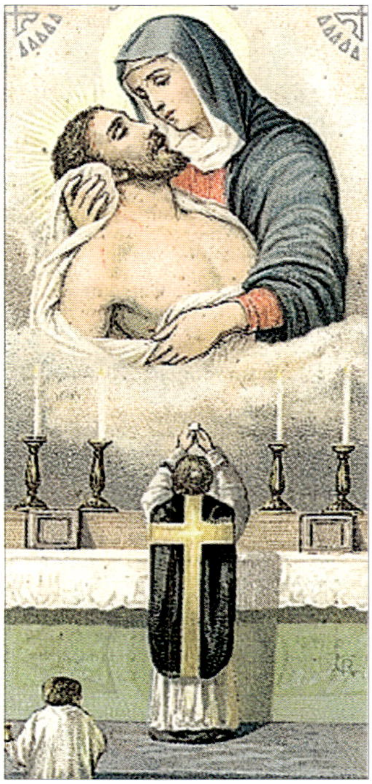

Bild Nr. 136

Bild Nr. 137

Bild Nr. 138

a) 3 Vater unser...
b) Empfang der heil. Sakramente ...
c) Ein Almosen zum Besten der Salesianischen Werke,
d) Tragen der Mariahilf-Medaille.

Diese neuntägige Andacht zu *Maria*, der Himmelskönigin, durch den seligen *Johannes Bosco* empfohlen und mit genauer Anleitung der Gebete und der zu erbringenden Leistungen in **Bild Nr. 137** *„Auxilium Christianorum“* läßt einen Anschluß an die Salesaneranstalten zur besonderen Zuflucht zu (Bildrückseite): Diese Andacht, heißt es, wird in den Salesianeranstalten für die Wohltäter vom 1. bis 9., vom 11. bis 19. und vom 21. bis 29. jedes Monats verrichtet …

Ein besonderes Gebet unter dem Kreuze, ein *„Gebet vor dem Missionskreuz“* trägt **Bild Nr. 138** (Franz Schemm, Nürnberg).

Auch für zukünftige „Nachfolger Christi“ gab es eigene Andachtsbilder: *„Ich bin der Weg, die Wahrheit und das Leben“*. **Bild Nr. 139** zeigt einen beschwingten Missionar vom *hlst. Herzen Jesu*, der umblickend und auffordernd einlädt, mit ihm den Weg *„Zum Paradies“* zu gehen. Dieser Aufruf geht an zukünftige Missionare. Doch auch alle Wohltäter, Beförderer usw. haben je nach Maßgabe ihrer Mitwirkung an der Gesellschaft Jesu Anteil an einer tägl. Messe, einer wöchentl. Kommunion, an einem besonderen Segen durch den Hl. Vater Pius X., an allen guten Werken und Gebeten der Zöglinge und Missionare vom *hlst. Herzen Jesu*, einem jährlichen, vollkommenen Ablaß und einem apostolischen Segen zur Todesstunde. Dieses Bild *„galt“* für Bayern und Österreich! (Nach J.v. *Führich*, BK.).

Ein Appell an das menschliche Herz und seine Suche eines rechten Lebenswandels ist der *„Christliche Neujahrswunsch“* auf **Bild Nr. 140**: „...Von ganzem Herzen wünsch’ ich

Bild Nr. 139

Bild Nr. 140

Dir, Daß *nie* doch Deine *Seel'* verlier'. Der *Unschuld Schmuck*, der *Gnade Kleid*, Dein Schatz für Zeit und Ewigkeit! Wenn schuldlos *rein* Dein Herz noch ist …“ (Carl Aug. Seyfried & Comp., München). Diese Bildpoesie stammt von *Cordula Peregrina*. Das Andachtsbild zeigt einen Engel, der über die winterliche Landschaft und die zur erleuchteten Kirche eilenden Menschen schwebt, mit rotem Kleid, Kruzifix und Hammer, den Gong zum Neujahrswechsel schlagend.

Eine besondere Funktion hatten die Andachtsbilder für Fürbitte, Schutzsuche und besondere Gebete für die Betroffenen des 1. Weltkrieges:

Das Andachtsbild **Nr. 141** vom Jahr 1914 trägt auf der Innenseite ein Kriegsgebet und bekommt eine politische Funktion einer religiösen Legitimierung von König und Vaterland:

Bild Nr. 141

Bild Nr. 142

Bild Nr. 143

„... Vor den Massengräbern des Krieges wollen wir mit Deiner Gnade wachsen in Gottesfurcht und Gottvertrauen, in der Treue zum Königshause, in der Liebe zu unseren Volksgenossen, und den tapferen Vorsatz fassen, ein neues Leben zu beginnen ..."

(Aug. Pfister, G.f.chr.K.,M., 138, Mit oberhirtlicher Druckerlaubnis München 25.IX.14)

Auch die *„Ernste Frage"* in **Bild Nr. 142** an das Leben im Kriege appelliert an Gottvertrauen zu *Jesus*, den „Guten Hirten", im Kampf um eine gerechte Sache, an Pflichterfüllung bis zum Tode fürs Vaterland und an *Maria* und die Heiligen um Beistand bis zum Siege (Carl Aug. Seyfried & Comp., München, 7. Aug. 1914).

„Harret aus" mahnt das Herz *Jesu* auf **Bild Nr. 143** und bietet Gebete *„für unsere Soldaten im Felde"*, *„für unsere verwundeten und kranken Soldaten"*, *„für die sterbenden und gefallenen Soldaten"* und *„um den Frieden vom Hl. Vater Bendedikt XV."* auf der Innenseite des Doppelandachtsbildes oder Gebetszettels an (Ph. Schuhmacher, Kunstanstalter Josef Müller, München).

Das Bild mit dem *„Gebet für den Gatten im Felde"* zeigt die Hl. *Elisabeth*, wie sie als Fürsprecherin für die Gattin mit einem Rosenopfer vor *Maria* mit ihrem Kind und einem Ordensbruder kniet, um gute Rückkehr vom Kriege bittet und dafür gelobt, die Kinder in der Furcht Gottes zu erziehen. Das Bild ist sehr farbenprächtig und in überschwenglichen Rosenschmuck getaucht (**Bild Nr. 144**, Fr. Kunz pinx., Ges.f.chr.K.,München, Nr. 127, Mit kirchlicher Druckerlaubnis).

Erinnerungen an besondere Feste stellen folgende drei Bilder **Nr. 145, 146** und **147** dar:

Bild Nr. 144

Bild Nr. 145 ist der Erinnerung an den Eucharist. Kongreß in Wien im Jahre 1912 gewidmet. Im Bild sind fünf auserlesene Verehrerinnen des hlst. Altarsakramentes aus dem Hause *Habsburg* in Klostertracht dargestellt. Die besondere Verbindung bis Verschmelzung des Hauses *Habsburg* mit der Kirche ging also soweit, die Frauen als Nonnen darzustellen. Die Kirche lehnte derartige Bilder ab wie auch Bilder, in denen sich Fürsten oder Könige mit kirchlichen Insignien bekleideten, weil damit Religiöses profanisiert und für weltliche und dynastische Interessen mißbraucht wurde.

Bild Nr. 146 aus dem Jahre 1903 erinnert an das 50jährige Jubiläum der feierlichen Erklärung des Dogmas von der unbefleckten Empfängnis *Mariens*. Die Himmelskönigin im Strahlenglanz mit den Zeichen immerwährender Hilfe und Barmherzigkeit zertritt

Bild Nr. 145

Bild Nr. 146

eine grüne Schlange, Symbol irdischer Verworfenheit. Sie steht auf den Wolken über dem Vatikan zu Rom mit Abbildung dreier Päpste.

Bild Nr. 147 ist dem Gedenken an die fünfzigjährige Profeß-Jubelfeier einer Ehrwürdigen Mutter, Generaloberin d. a. Schulschwestern, 1889, gewidmet. Das Bild zeigt *Maria* als *„Liebreiche Hirtin"*, analog dem Jesus-Bild als „Guter Hirte", also wenig „bibelgerecht", aber – so meine Meinung – erfreulich „emanzipiert"! Das Bild ist ein französisches Bild der Firma *Bouasse-Lebel* und strahlt, wie schon öfters erwähnt, farblich und dekorativ französische Eleganz aus, die ich, wie ich auch nicht verheimlichen möchte, bezaubernd finde.

Zuletzt sei noch ein ganz „profanes" Bildchen, ein Bucheinmerkzeichen, **Bild Nr. 148,** gezeigt, auf dem das Jesuskindlein abgebildet ist. Auf der Rückseite ist „Art-Institutes Josef Müller, Munich und Newyork ..." abgedruckt, was vom internationalen Bildbedarf zeugt. Aber auch ein Primizbild oder andere Andachts- und Erinnerungsbilder können mit diesem „praktischen Zweck" ausgestattet sein, was jedenfalls eine Benützung garantiert!

Schmuckvolle Bilder zu allen Zwecken, mit vielerlei Funktionen, mit pädagogisch bis frömmelnd-moralisierend erhobenem Zeigefinger in Inhalt und Umrahmung! Besonders liebevoll und persönlich waren und sind sicher auch heute noch Andenken an Wallfahrtserlebnisse:

Bild Nr. 147

Bild Nr. 148

Wallfahrtserinnerungen, Gnadenbilder

Als eindrucksvolle Exemplare wallfahrtlicher Inbrünstigkeit seien folgende Exemplare gezeigt:

Die Bilder **Nr. 149** sind ein Andenken an den Wallfahrtsort *Walldürn*, **Nr. 150** und **151** an *Altötting*, **Nr. 152** an *„Das gnadenreiche Prager Jesuskind"*, **Nr. 153** an das Hl. Land – eine liebevoll zusammengestellte Collage mit Blütenblättern, Gräsern und einem ausgeschnittenen Marienbild und *„geweiht auf dem hl. Grabe"*– und **Nr. 154** und **Nr. 155** an *Carmel*. Bei den Bildern vom Berge *Carmel* zeigt sich die „Maschinisierung" des „billigeren" Andachtsbildchens. **Bild Nr. 155** ist ein in Altötting erstandenes, in der Ausführung „flüchtigeres" Exemplar mit ansonsten identischer Bildaussage. Die Grausamkeiten des Fegefeu-

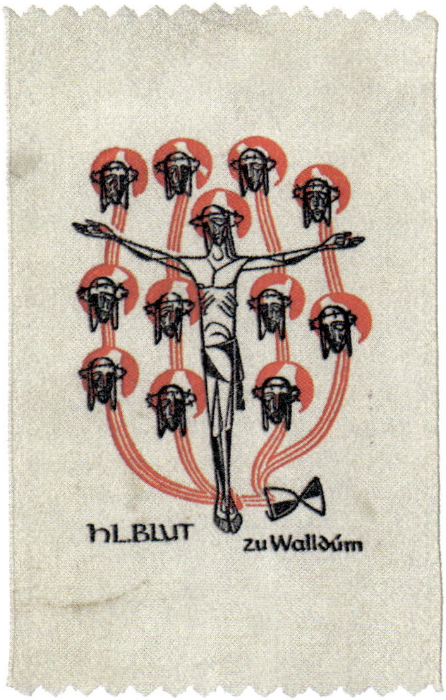

Bild Nr. 149

Bild Nr. 150

Bild Nr. 151

Bild Nr. 152

Bild Nr. 153

Bild Nr. 154

Bild Nr. 155

ers und über allem schwebend die Himmelskönigin mit dem die Welt grüßenden Jesusknaben, beide bekrönt, drücken Schönheit und Qual in ihrer Gegensätzlichkeit aus: der Reinheit der Jungfrau inmitten von „Himmelsboten“ und der um Gnade ringenden Verdammten der Seele: *„O Maria, verlaß diejenigen nicht, die da leiden und ihre Hoffnung auf dich gesetzt haben!“* heißt es auf dem älteren Bildchen **Nr. 154** des Verlegers Benziger & Co.

Beide Bildchen haben jedoch eines gemeinsam. Sie sind inbrünstig, verspielt und äußerst anschaulich, für kirchliches Verständnis zu „kitschig“. Was ist damit eigentlich gemeint?

Das Kitsch-Problem

Die meisten dieser bunten Beispiele religiöser verspielter Inbrunst verkörpern nach heutigem kirchlichen Verständnis besonders den Kitsch. Verweltlichung des Religiösen, falsche Sentimentalität, Sinnbilder mit mystischem Hintergrund und Herz- und Blumensymbolik sowie scheinbar konfliktfreie, abgehobene Geistlichkeit stehen gegen christliche Reinheit und Einfachheit. „Freude am bunten Bild“ gegen echte Andacht! Der moralisch erhobene Zeigefinger gegen Gotteskindschaft, Freundschaft und tätige Liebe! Wie und wodurch entsteht für kirchlich-religiöses Verständnis Kitsch? Schauen wir uns zu diesem Zweck durch die Augen Richard *Egenters* ein paar eigene Bilder an, so wie er in *„Kitsch und Christenleben“* Bildmaterial beschrieben hat.

Im **Bild Nr. 156** ist *Jesus* als Kindlein dargestellt und hat die Aufschrift: *„Kommet zu mir, die ihr mich lieb habt, und werdet gereinigt durch meine Liebe.“* Das *Jesus*-Kind ist kindlich drall, pausbäckig mit blauen Augen und blonden Locken und in ein liebliches Rosa gehüllt. Das angedeutete Kreuz hinter dem Heiligenschein ist ebenfalls in zartem Beige gehalten. Das Bild ist eine geistliche Geste einer wohlmeinenden Aufforderung zu einer himmlichen Geborgenheit, in die der Betrachter eingehen kann. In dieser Darstellung einer „entschärften“ Wirklichkeit“ und einer schablonenhaften Lieblichkeit, in den Nazarener-Bildchen in ihrer „verweichlichten Abschwächung“, befindet sich die christliche Seele nach *Egenter* bereits in einem etwas langweiligen Paradies (68 f.). Sie erzeugt eine vordergründige Rührung für das Frauen- und Kinderherz. Auch in **Bild Nr. 157** (M.H. 1554 ?, beschädigt!), in dem das Jesus-Kind als „SALVATOR MUNDI“, als Erlöser der Welt, sein flammendes Herz und seine Aura himmlicher Ausstrahlung, von gelockten Engelchen umrahmt, dem Betrachter darbietet, wird ein sorgloses und rührseliges Christus-Bild vermittelt, das Reinigung und Erlösung ohne notwendigen Hintergrund darstellt und deshalb nicht

Bild Nr. 156

Bild Nr. 157

Bild Nr. 158

überzeugend wirkt. Der Betrachter fühlt sich in eine übersinnliche Welt abgehoben und kann sich sanft beruhigt und bequem zurückfallen lassen. Auch die Darstellung Christi als „Guter Hirte“ in einer Schäferidyllik in **Bild Nr. 158** läßt nichts vom wahren Leben und Leiden Christi ahnen. *Jesus* wirkt wie ein hübsches Mädchen mit in sich versponnenen Gesichtszügen, das man liebhaben muß. Die Darstellung Christi als erwachsener Mann in **Bild Nr. 159** (BK 10061, V. OER. P.), ebenfalls mit entflammtem Herzen, erzeugt eine seltsam blutleere Sphäre einfältiger Frömmigkeit. Die martialisch anmutende Leidenspose in **Bild Nr. 160** – *„... Durch Jesu Blut wird uns die Schuld verziehen. Gestillt ist aller Zorn, der Rächer flieht, Wenn er mit Jesu Blut besprengt uns sieht ...“* steht in den *„Frommen Anmuthungen“* auf der Bildrückseite – wirkt zu aufdringlich sinnlich, das Gesicht drückt eigentlich kein Leid aus, sondern ist gedankenvoll. Die ganze Form der Darstellung könnte sogar sadistische

Bild Nr. 159

Bild Nr. 160

Bild Nr. 161

Gefühle erzeugen (C. Bauer, Hoechst, Nr. 573). Demgegenüber erweckt die Betrachtung des völlig harmlos wirkenden Kreuzes mit Dornenkrone und Nägeln auf **Bild Nr. 161**, die zwei hübsche Engel anstellen, weder von der pastellfarbig-faden Farbgebung her, noch von der ganzen Motivauswahl eine bewegende Kraftquelle, wie der Spruch suggerieren will: *„Ihr alle die ihr leidet, blicket auf zum Heiland, er ist euer Vorbild, er ist euere Kraft.“* (Bouasse-Lebel, Paris, 3404). **Bild Nr. 162** mit dem Spruch: *„Ich bin das lebendige Brot, das vom Himmel herabgekommen ist. Wenn einer von diesem Brote ißt, der wird ewig leben“*, läßt einen hageren, unlebendigen Christus durchscheinen, einen Christus als Statist, der ewiges Leben nicht verkörpert. **Bild Nr. 163** (Bouasse-Lebel, Paris, 5238) beschwört eine geduldige und demütige Haltung angesichts des Christus-Kindes, die eine Nachfolge in allzu ergebungsvoller Pose ist. Es wird eine bequeme christliche Haltung unterstützt und produziert.

Bild Nr. 162

Bild Nr. 163

Was ist an diesen 8 Bildern für *Egenter* kitschig? Die Frage ist zu beantworten, wenn im Auge behalten wird, was eigentlich dargestellt werden soll. Der lebendige junge Jesus mit der ganzen Tragweite seines Lebens und Leidens innerhalb seiner Umwelt ist Thema oder „Werk-Sinn" (*Stierle*) der Andachtsbilder. Auf allen 8 Bildern erscheint Christus jedoch verzerrt einseitig, als liebliche, ehrfürchtige, ätherische Puppe oder als martialische Erscheinung, aber ohne Handlungszusammenhang. Die Nachfolge Christi ist als läppisch einfach, naiv sicher und ohne Schwierigkeiten zum Ausdruck gebracht. Der Weg durch die Welt als Leib und Seele ist nicht präsent. Die Bilder bewirken ein Gefühl der Flucht aus der Welt in eine bessere. Bild Nr. 160 produziert sogar eine lächerliche Verharmlosung des Leidensweges.

Wer fühlt sich nach *Egenter* bei der Betrachtung dieser Bilder angesprochen? Dazu müssen wir uns vergegenwärtigen, wie wir schon erwähnt haben, daß das Bild nach aktuellem Frömmigkeitsverständnis eine bestimmte „Wertantwort" (D. v. *Hildebrandt*) im Andacht-Übenden auslösen soll. Es soll dessen „Blindheit" und „Taubheit" gegenüber „christlichem Humanismus" in Wort und Tat überwinden helfen, zum persönlichen Ringen anregen, aber nicht mehr nur als unmittelbarer Dialog zwischen Gott und der einzelnen Seele gedacht (R. *Guardini*), sondern als aktive Mithilfe am Bau des Hauses Gottes in der Welt. Sind aber äußerliche Zwecke oder spielerischer Genuß angezielt, „höhlt" sich das Bild zur beliebigen Erbauung „aus", wird es leer und nichtssagend. Es geht also um eine vital und sittlich integrierte, geistige und geistliche Sinnebene, die sowohl im Bildgehalt oder „Werk-Sinn" präsent wie im Betrachter und natürlich auch Hersteller des Bildchens gewahrt sein muß. In den kitschigen Bildern jedoch herrschen nach *Egenter* hochmütig-begehrliche Motive im religiösen Gewand vor, der Mensch in seinen „niedrigeren" Bedürfnissen fühlt sich angesprochen.

Hochmütig, weil durch Darstellung dieser abgehobenen, unweltlichen Geistlichkeit Betrachter und Künstler eine jenseitige Welt entstehen lassen, wie bei der Jesusfigur als Welterlöser auf **Bild Nr. 164**: *„Ich bin gekommen, nicht um die Welt zu richten, sondern um die Welt zu erlösen"*, die vom tatsächlichen, tätigen Christsein als leiblicher Mensch innerhalb einer Gemeinde wegführt und eine eigentlichere Wirklichkeit ohne den Weg durch die Welt bereits „vorwegnimmt", ohne „Bewährungs-"Zusammenhang, eine „gefährliche" Haltung für eine geglückte Erziehung zur praktischen, anstrengenden, christlichen Nachfolge im Geiste Christi (Stanzspitzenbild nach franz. Tradition ohne Angaben). Auch der Hl. *Aloysius* auf **Bild Nr. 165** (Max Hirmer, Straubing) mit (scheinheilig?) andächtig nach oben verdrehten Augen wird wohl seinem Wahlspruch *„Laß mich sterben mir, laß mich leben dir!“* heute nicht mehr so ganz überzeugend gerecht. Der Christ ist nicht von Haus aus schon etwas Besseres!

Bild Nr. 164

Bild Nr. 165

Begehrliche Motive deswegen, weil die Bilder nicht zur echten Einfachheit des Glaubens ohne Falsch und Umwege hinführen, sondern dazu anregen, es sich zu einfach zu machen, auszuruhen, „sich zu drücken“, indem scheinheilig der eigentliche Zweck verschleiert und Religiosität nur vorgetäuscht wird. Durch einseitige Betonung der Überweltlichkeit und Überzeitlichkeit ist die biblische Aussage einer kraftspendenden, leidensbereiten und das „Wagnis des Lebens“ auf sich nehmenden Persönlichkeit in Form und Inhalt nicht verwirklicht. Biblische Wahrheit ist im kitschigen Bild verdunkelt, der Betrachter in Privatliebhaberei „zerstreut“. Im Obulus für das „arme Negerlein“ ist man vor eigentlicher Verantwortung schon freigekauft. Man hat doch schließlich etwas gespendet, seiner „Pflicht“ (oder Eitelkeit?) Genüge getan, natürlich mit Bescheinigung fürs Finanzamt!

Sind Bildgehalt und „Wertantwort“ in den vorausgegangenen Beispielen nur unzureichend getroffen, wird der religiöse Sinn nach *Egenter* vollends mißbraucht, wenn *„Frivol-Erotisches“* in religiöser Bemäntelung vorliegt. Zu **Bild Nr. 166**, einem Beispiel aus seinem Buch „Kitsch und Christenleben“, in dem *Maria Magdalena* als Büßerin dargestellt wird, schreibt *Egenter*:

„Nichts mehr vom Ideal jener großen biblischen Frauengestalt, der viel vergeben wurde, weil sie eine große Liebende war. Was bleibt, ist das Weib als Geschlechtswesen, geschlechtliches Begehren weckend. Die halbentblößte Brust, das aufgelöste Goldhaar, die hingegossene Linie des Körpers ..., durch all dies spricht das üppige Weib eben erotisch-sexuell an. Der Ausdrucksgehalt dieser Dar-

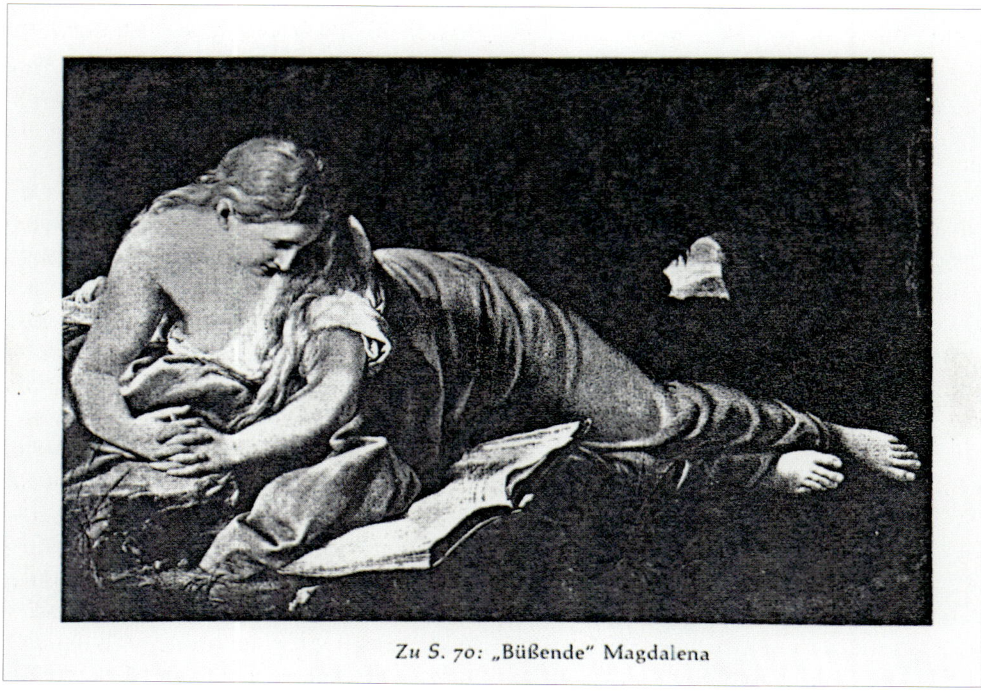

Bild Nr. 166

stellung ruft nicht nach dem Sünderheiland, sondern nach dem Mann als Geschlechtspartner.“ (S. 71)

Auch auf **Bild Nr. 167** mit dem Spruch: *„Erlassen werden ihr die vielen Sünden, weil sie viel Liebe gehabt hat“*, wäre es wohl die frauliche Schönheit, die allzu deutlich ins Auge springt und zumindest dem männlichen Betrachter die Sünde schnell vergessen macht, wenn nicht sogar ganz angenehm erscheinen ließe. Das Bild reizt zu Zweideutigkeiten.

Bild Nr. 167

An der Kritik dieses „erotischen“ Gehalts eines sogenannten „bösen Kitsches“ nach *Egenter* wird die Ambivalenz dieser sich am „echten“, religiösen Sinngehalt orientierenden Interpretation deutlich. Ist es vielleicht doch die subjektive Phantasie des christlich eingestimmten, männlichen Beurteilers, die gerade bei der Darstellung des weiblichen Körpers im Rahmen eines religiösen Bedeutungszusammenhangs in moralisierende Maßstäbe verfällt? Soll die Frau auf ihre „jungfräulich" neutralisierte Weiblichkeit reduziert werden, wiederholt *Egenter* die bis in die heutige Zeit thematisierte Leibfeindlichkeit kirchlicher Autorität. Hier wird selbst ein moralischer Zeigefinger erhoben! Genauso ließe sich argumentieren, daß gerade die dargestellte weibliche Schönheit die (für den Mann und sie selbst) anschaulich ausgepägtere Problematik von Keuschheit und Sünde, Reinheit und Versuchung, erotischer Leidenschaft und sittlich-geistiger Liebe realistisch wiederspiegelt. Auch beim Durchblättern zeitgenössischer Kataloge (wie Rottenburger Kunstverlag *Ver sacrum*, Ettaler Kunstverlag, Kunstkarten des „Predigers mit Bildern" Sieger *Köder* usw.) scheint die Darstellung von Weiblichkeit, falls überhaupt vorhanden, auf deren züchtige Mutterrolle und Madonnenhaftigkeit beschränkt zu sein, was sie ja im „normalen" Leben wirklich *nicht* (mehr) ist! Im Sinne dieser frömmmelnden „Voreingenommenheit" ließe sich dann auch nicht von einer vital und sittlich integrierten, geistigen Sinnebene sprechen, sondern genauso von einem Mißbrauch höherer Wertebenen für niedrigere. Die „weiblich" realistische Darstellung des Frauenkörpers wäre dann nicht Kitsch, sondern würde nur *als* Kitsch für die „gefährdete" männliche Tugendhaftigkeit „unschädlich" gemacht. Diese Beurteilung im Sinne einer Neutralisierung bis Aburteilung des Weiblichen ist auch bei *Spamers* Beurteilung des kleinen Andachtsbildes in seiner „falschen" Entwicklung präsent, wenn er vom weiblichen „Spieltrieb" und von Erbauung des Frauen- und Kinderherzens durch barocke Verzuckerung spricht. Sind es denn nicht hauptsächlich die Frauen, die kirchliche und religiöse Traditionen lebendig kreativ fortsetzen und „an den Mann" bringen!

Anstoß an einer lebensgroßen nackten Figur der *Maria Magdalena* des anglikanischen Pfarrers Toddy *Hoare* in der britischen Pfarrei *Knayton* nahm auch Erzdiakon George *Austin*, jedoch nicht wegen der Nacktheit, sondern des erneuten modernen, feministischen Konzeptes: *Maria Magdalena* war die erste Augenzeugin der Auferstehung Christi, aber keineswegs ein Apostel, sagt er. *„Augenzeugin, Apostelin der Apostel, Prophetin, Sünderin, Freundin Jesu – Maria Magdalena hat durch die Jahrhunderte die verschiedensten, mehr oder weniger schmeichelhaften Attribute zugewiesen bekommen. Irgendwie hatten besonders die Männer so ihre Probleme mit der guten Frau"*, schon die Apostel, schreibt Roland *Krabbe* in der Zeitschrift *Weltbild* (7/1997, S.10 f.). Offensichtlich gehörte jedoch *Maria Magdalena* zum engsten Vertrautenkreis *Jesu*, der aus Frauen und Männern bestand. Spekulationen und Phantasieprodukte kreierten im Laufe der Bibelauslegungen ein Magdalenenbild einer abgefallenen, besessenen Sünderin mit ausschweifenden sexuellen Begierden und einer reuevollen Büßerin, die sich zu Gott bekehrt. 1978 strich die katholische Kirche jedoch offiziell die Beinamen *„Maria poenitens"*, d.h. „büßende Maria" und *„Magna peccatrix"*, d.h. „große Sünderin" aus ihrem Sprachgebrauch. Heute wird *Maria Magdalena* ihn ihrer religiösen Bedeutung zu verstehen versucht. Maria *Magdalena* war die erste Kronzeugin der Auferstehung. Sie vertraute Jesus ohne alle Vorbehalte bis zum Kreuzestod. Ihre unermüdliche Suche bereitete ihr das österliche Geheimnis. Sie begegnete durch ihre weibliche Sensibilität als Erste dem Auferstandenen. Die Kirche baut auf dem „Zeugnis" von *Maria Magdalena* auf, die die Kunde vom Auferstandenen an die Jünger weitergab. Sie ist Prophetin, und deshalb „bleibender Appell" für eine *geschwisterliche* Kirche.

Dieser „böse Kitsch" nun, in den Worten *Egenters*, wurde bei zunehmender „Verzwecklichung" des Andachtsbildes zum poli-

Bild Nr. 168

tischen Mittel, wenn, wie auf Bild Nr. 112 schon gesehen, eine Verherrlichung des Heldentodes für Volk und Vaterland geschieht. Das Bild wirkt abstoßend, weil der Tod bagatellisiert wird und als läppische Sache gegenüber der erlangten Ehre und Erlösung wirkt.

Auch bei der Funktionalisierung des Andachtsbildchens im Fleißbildchen, wie auf **Bild Nr. 168**, wäre eine nur „partielle" Wertantwort beabsichtigt, weil die Gefahr besteht, daß persönliche Vorlieben und Lieblinge ausgezeichnet werden und außerdem auf vordergründige Pflichterfüllung gepocht wird. Das „brave" Kind bzw. junge Mädchen soll „erzeugt" werden: *„Kind benütze Deine Jugend, erlerne Gottesfurcht und Tugend, üb dich in Arbeit und Gebet, das schönste Gut, das nie vergeht, lern Demuth und Bescheidenheit, sie zieren Dich in jedem Kleid."* Bei diesen Bildern überwiegt, wie *Egenter* formuliert, im Darstellungsgehalt formal und inhaltlich ein *„Beamtenethos"* oder *„angsterfüllte Bejahung und Befolgung des Gesetzes um der eigenen Sicherheit willen"* („Das Edle und der Christ", S. 144), anstelle des *Wagnisses der Liebe.* Diese Bilder zielten nicht nur auf ein Christentum, das als mehr oder weniger mechanistischer Ablauf verdienstlicher Akte vermittelt wird, wie es auch bei den zahllosen Ablaßbildchen vorliegt, sondern verkürzten das verantwortungsvolle, freie Individuum auf unterwürfiges Dienen angesichts eines Sittengesetzes um eines kurzfristigen und scheinheiligen Erfolges willen.

Diese Form des Andachtsbildes unter pädagogischen Nützlichkeitserwägungen findet sich ganz besonders zur Bewahrung und Pflege eines tugendhaften Frauenbildes. Auf dem französischen Andachtsbild **Nr. 169** wird die angehende junge Frau vor weltlicher Versuchung gewarnt, durch die Darstellung Evas

Bild Nr. 169

Bild Nr. 170

vor der Schlange im Bildhintergrund symbolisch unterstrichen. Die anmutige junge Frau mit niedergeschlagenem Blick erhält an der Hand ihrer Lehrerin eine Unterweisung (mit langem Textteil) fürs Leben. Auch in **Bild Nr. 170** ist die Suche nach dem ewigen Leben für das strebsame, reine, tugendhafte junge Mädchen Bildinhalt. Im Bild Nr. 4 schon vereinte sich das verlassene Mädchen mit dem leidenden *Jesus* im Ölgarten. *„Das Ziel des Menschen"* sieht die kniende junge Frau in Anbetung der Mutter *Maria* in Form eines durchstochenen, bekrönten und flammenden Herzens vor sich (Bild Nr. 3). Wird das Herz aufgeklappt, erscheint das Herz *Jesu* über dem Tabernakel: *„Ist das Herz Jesu Allen geöffnet und wir gelangen dahin durch das Herz Mariae unserer Mutter."*

Der Betracher fühlt sich beim Aufklappen des riesigen verwundeten Herzens Jesu in eine andere geheimnisvolle Welt mitgenommen – ein nüchtern denkender Mediziner heute vielleicht in seinen Anatomieunterricht? –, aus der er wieder in die reale Welt hinaustreten kann. Ist diese handgreiflich und unmittelbar sinnenfällige Darstellungsform der Glaubenswahrheit kitschig? Auch die bezaubernd märchenhafte Wirklichkeit des Schutzengelbildes (Nr. 87) mit dem Schloß (fast könnte man an den bayerischen Märchenkönig und Schloß Neuschwanstein denken) im Hintergrund führt in eine Welt der „Außerirdischen", die heute in Film und weltlicher Realität bereits überall Platz eingenommen hat. Man denke nur an den in Werbung und vorweihnachtlichem Kaufrausch präsenten Engel-Kult und die „Aliens" und „Alfs" der Science-Fiction-Filme. Außerirdische und irdische Realität, die erlösungsbedürftig ist?

Ich muß zugeben, daß ich teilweise persönlich von diesen Bildern fasziniert bin, wie von Bild Nr. 5 mit seiner allegorischen Darstellung des beschwerlichen, „kreuzbeladenen" Aufschwungs zum göttlichen Willen oder von Bild Nr. 139, auf dem ein Mönch den Betrachter einladend auffordert, mit ins Paradies zu kommen, *„zum Paradies"* heißt es auf dem Wegweiser. Fasziniert weniger vom religiösen Gehalt, sondern von der filigranen Darstellungsweise der Spitzenformen, den Miniaturen und den reizenden Inhalten. Fasziniert von der anschaulichen Darstellungsform, vom „beladenen" und zugleich „beschwingten" Höhenflug zur göttlichen Dreieinigkeit, von Harfe spielenden Engeln umrahmt, vom anschaulich einladenden Aufbruch in eine fremde, unbekannte Welt, von durchbrechender Abenteuerlust. Doch meine „persönliche Einbildungskraft" schlägt bei diesen Bildern „Purzelbäume", so wie der wissenschaftliche Sachverstand bei heutigen Sammlern der Andachtsbilder Antiquitäten „beurteilt" oder wie der Kunstverständige einen „Grünewald" anblickt. Wo bleibt die Frömmigkeit, denn es ist wohl sicher, daß ich heute anders empfinde, als das junge Mädchen im anschaulich gegebenen Ethikunterricht oder die Nonne inmitten ihrer ihr anvertrauten Kinder! Wo bleibt das „zeitgemäße" Andachtsbild als Vermittler einer liebenden Beziehung zu Gott und damit zu den Mitmenschen?

Was ist dargestellt und wie ist es dargestellt? Welches Empfinden fühlt sich angesprochen? Welcher Bildinhalt liegt vor und damit welche religiöse Aussage? Inwieweit ist es der religiöse Kern im Menschen, der sich auf das Bild einlassen soll, eine „Wertantwort", d.h. eine eigene innere Bewegung und nicht bloßes Gefallen an einer hübschen Sache? Diese Fragen gehen sowohl an den andächtigen Betrachter wie auch den Hersteller der Bilder. So liefen die besorgten Gedankengänge kirchlicher Kreise und laufen sie noch heute, wenn zeitgenössische Maler kaum mehr zum Zuge kommen (Der letzte Münchner Maler im Jahre 1950!). Sind Photographien alter Meister, der Natur oder religiöser Objekte einfach „neutraler"?

Andachtsbilder heute sind nüchtern, vom Kitsch „gereinigt". Sie sind größtenteils überhaupt „außer Mode". Wie schon im Laufe der Geschichte, zum letzten Mal in der Nazarener-Bewegung, ist das Bild allzu großem „Mißbrauch" durch Bedürfnisse nach Ausschmückung, Sentimentalität und Verzwecklichung zum Opfer gefallen. Oder hat die Kirche doch zu viel „Berührungsängste" mit gefälligen Bildchen?

5. Ist eine Wiedergewinnung des Sinns des Andachtsbildes möglich?

Ist das Andachtsbild heute ein „Stiefkind" religiöser Prävenienz geworden? Wir haben gesehen, daß das Bild mit seiner bunten, sinngefälligen Fülle, seiner magischen Berührungsfunktion und seinem All-round-Charakter eine strengere liturgische und „künstlerisch" wertvollere Bedeutung erfahren hat. Treten auch vereinzelt zeitgenössische Interpreten mit sozialkritischem Gehalt und moderner Darstellungsweise auf, überwiegt doch das „klassische" Bild mit meditativem Gebetstext.

Sollte insgesamt ein toleranterer und phantasievollerer „Übergangsbereich" zugelassen werden? Die **Bilder Nr. 171, Nr. 172, Nr. 173** und **Nr. 174** zeigen noch einmal, wie ergreifend schlicht und Ruhe und innere Einkehr vermittelnd ältere Andachtsbilder sein können. Auch Albrecht *Gribl* beklagt in seinem Buch „Häusliche Andacht" von 1994, daß die heutige Kirche zum Phänomen (Haus)-Andacht oder Volksfrömmigkeit nur in *„wenigen nichtssagenden, zum Teil platten Formulierungen Stellung"* nimmt:

Bild Nr. 171

Bild Nr. 172

Bild Nr. 173

Bild Nr. 174

„Statt Hilfestellungen anzubieten oder zu Gegenwartsproblemen Stellung zu nehmen, schwört die Kirche den Gläubigen auf die alten Glaubenswahrheiten, die Sakramente und die zehn Gebote ein ... Auf der anderen Seite verliert sie in den alten Bundesländern jährlich mindestens 100.000 Mitglieder durch Kirchenaustritte und innerhalb von 15 Jahren die Hälfte der Gottesdienstbesucher ... Von den verbliebenen Kirchgängern ist mehr als die Hälfte über 65 Jahre alt ..." (S. 152, nach Angaben von N. Göller, Das bröckelnde Haus, Süddt. Zeitg. v. 2./3.12.1989).

(Nr. 171: „Grotte de Lourdes", L. Turgis, Paris, 596;
Nr. 172: S. *Barbara*, Schule des *Coreggio*, No. 1119,4, F. Killmayers Nchf. Bamberg;
Nr. 173: Eigenthum u. Verlag v. Serz & Co. in Nürnberg, 564, T.W.del.;
Nr. 174: B. Kühlen, M.Gladbach)
Alle vier Bildchen sind schwarz-weiß.

Wäre vielleicht nicht (nur) die Massenproduktion und „Verkitschung" ein Grund für den *„Abfall der Massen von der Kirche"* (*Egenter*) und den Formen frommen bis frömmelnden Verhaltens, sondern gerade (auch) das auf Distanz und Nüchternheit eingefrorene Verhältnis der institutionalisierten Geistlichen. Waren es im Laufe der Geschichte magische Praktiken wie Suche nach (Lebens-) „Versicherungen" bei Schluckbildln, Berührungen mit dem Allerheiligsten oder liebevoll gehegten und selbst zusammengestellten Bildchen bis zu Hausaltären, der „Volksgeschmack" macht im religiösen Bereich nicht unbedingt eine Ausnahme in seinem Bedürfnis nach Ausschmückung und „Linderung" des oft harten und tristen Alltagslebens. Die „Freude am bunten Bild" feiert heute in Film, Mode, Kleidung, Disco, Bands und schrillen Talk-Shows fröhliche Urständ. Kirchengottesdienste hingegen wirken, wenn nicht gerade eine Mozart- oder Haydnmesse „aufgeführt" wird, meist muffig, freud- und trostlos, allzu weit weg vom gegenwärtigen Leben mit seinen Problemen, Nöten und Freuden! Es ist oft nicht nur wegen der fehlenden Heizung kalt! Dieses Gefühl zu frieren hat man besonders dann, wenn man einmal eine Gottesdienst*feier* in Afrika miterlebt hat!

Kritisiert doch Joseph Kardinal *Ratzinger* in seinem neuesten Buch „Das Salz der Erde" selbst das deutsche, allzu intellektuelle Glaubensverständnis! Für Deutschland zunehmend eine Angelegenheit einer kleinen Elite, liegt die Zukunft des Christentums in Afrika und Asien. Man könnte fragen, ob nicht auch bei den Andachtsbildchen allzu intellektualisierende und nüchterne „Strenge" Einzug gehalten hat?

Dieser tolerantere „Übergangsbereich" kann im Stil heutiger *Herz-Jesu* und *Herz-Mariens*-Gesellschaften oder anderer „esoterisch" orientierter Bewegungen liegen:

Bild Nr. 175 zeigt die Hl. Familie: „ECCE AGNUS DEI. QUI TOLLIT PECCATA MUNDI". Anliegen dieses Bildes ist es, Christus wieder unter den Menschen bekannt zu machen, den Glauben zu stärken und den Menschen ein Trost spendendes Bild zur Hand zu geben. Das Bild soll zum Gebet anregen. (Mit freundlicher Genehmigung der Herz-Jesu-Familie, Maria Flesch, Schmausemühle 22, 54497 Morbach)

Bild Nr. 176 ist ein vierseitiger Gebetszettel mit dem bunten Bild *Herz-Mariens*, einer Photographie der Herz-Marien-Statue im *Carmel* von *Coimbra*, *Fatima*, einem inwendigen Text zu Geschichte und Sinn des Herz-Marien-Sühnesamstags und einem Sühnegebet nach der Hl. Kommunion (Herz-Marien-Werk, Frankfurt, Nr. HMW4). Das Bild wird von den *Claretiner*-Missionaren in Tausenden von Exemplaren verschickt. Pater *Antonius*

Bild Nr. 175

Bild Nr. 176

Maria Claret, gestorben 1870, befreite Unzählige aus religiösen und sozialen Nöten und setzte sich rastlos für die „Armen und Kleinen" ein. Pater *Claret* hatte mit fünf Männern eine Gemeinschaft gegründet, die das Evangelium predigten und lebten und dafür starben. Die Claretiner heute führen das Werk ihrer großen Vorreiter in die Zukunft.

Geschmacksache ist sicher auch das folgende **Bild Nr. 177** (Herlitz, Berlin), eine käuflich erwerbbare Kommunionglückwunschkarte. Es ist zu bedenken, daß in außerdeutschen Gegenden, besonders den berühmten Wallfahrtsorten wie *Fatima*, *Lourdes* oder *Assisi*, in südlichen Ländern überhaupt, in Südamerika usw. „Berührungsängste" mit „schönen" Bildern weit weniger ausgeprägt zu sein scheinen.

Bild Nr. 177

Mögliche neue Gebrauchsformen

Welche Möglichkeiten zeigen sich für einen kreativen Ausbau des Andachtsbildes heute? Der Mensch, auch der Christ, ist heute in eine oft allzu rational-nüchterne und unbefriedigende Arbeitswelt und ein riesiges Freizeitangebot eingespannt. Auf beiden Gebieten ist *ein* Phänomen von führender Bedeutung und auch Problematik: Die Technik! Richard *Egenter* machte bereits in „Die Aszese des Christen in der Welt" den Vorschlag, so wie *Jesus* in seiner Lebenswelt Thema und Darstellungsweise christlicher Bilder war und ist, den „heutigen Christen" in seiner lebendigen Umwelt zu thematisieren und darzustellen. Die Bedeutung von Christ-sein heute und die alles zu vernichten drohende Technik mit ihren sozialen und menschlichen Härten wäre ein gedankliches Umfeld, in das sich zu versenken lohnen könnte. Die Bilder des Münchner Malers Emil *Scheibe* („Täglich verletzt, Täglich gekreuzigt", Ausstellungskatalog, Katholische Akademie in Bayern, Emil Scheibe zum 80. Geburtstag) bilden eine Fundgrube für Bildmeditationen in diese Richtung:

„Christus in den Drähten" (**Bild Nr. 178**, Mischtechnik/Leinwand, 170 x 130, 1964, Ausstellungskatalog, S.23): Leben wir in einer Zeit, die den leidenden Christus real ausdrückt, hören wir die Schreie dieser Zeit

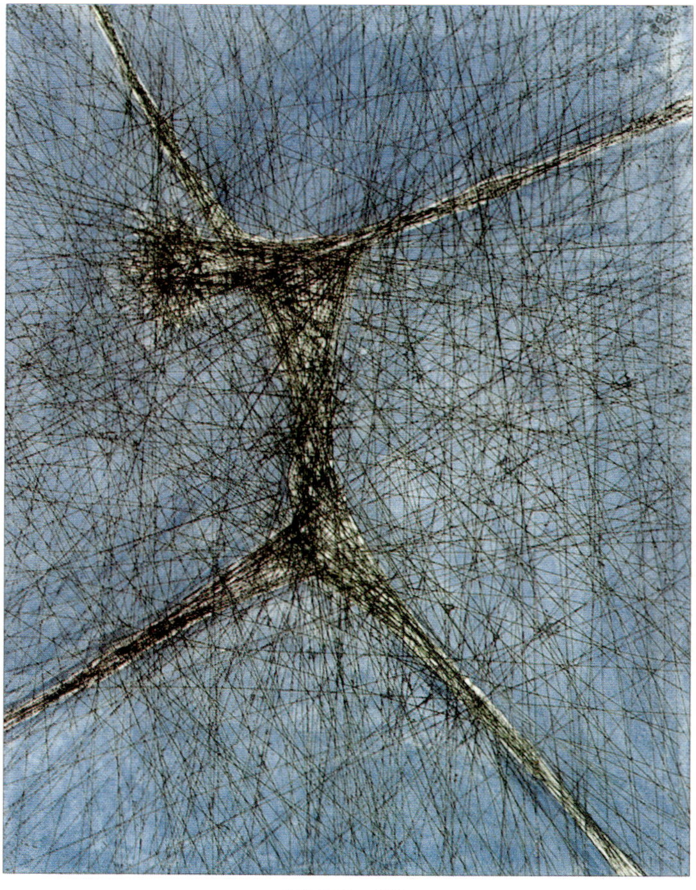

Bild Nr. 178

wirklich? Zeigt sich in diesem Bild die zum Zerreißen gespannte Lage des heutigen Menschen und Christen zwischen Genußsucht und Sinnsuche? „Wissend werden in Anschauung der Gefahr!“ Das richtige „Sehen“-können, die richtige Einschätzung der „Gefahr“ bloßen Scheins, bloßer Verblendung ist das älteste philosophische Problem des Abendlandes. *Worin* liegt eigentlich unser Wissen? *Was* wissen wir? Ist Gott für uns aufgeklärte, rationale Menschen wirklich tot, oder haben wir uns einen „neuen Gott“ kreiert? *Wer* ist unser Gott heute?

Bild Nr. 179 führt uns heutige „Auferstehung“ in einer militarisierten Welt vor: Die schlafenden Soldaten im Vordergrund träumen vielleicht von einer Auferstehung in eine „bessere“ Welt, in der nicht Haß, Vernichtung und Geschäftemacherei oberstes Gebot darstellen, sondern Liebe und gegenseitiges Verständnis den Anderen als „Nächsten“ anerkennen und Menschen nicht ihr Dasein als Flüchtlinge in ein ungewisses Schicksal fristen müssen. (Emil *Scheibe*, Auferstehung, Öl, 126 x 160, 1953, Ausstellungskatalog, S.15)

Bild Nr. 179

Diese eigenen Gedanken lassen sich in alle Richtungen ausbauen, je nach eigener Lebenslage, Sensibilität und Gedankenreichtum! Persönliche Andacht, persönliche Beschäftigung mit einem mich mitmenschlich tief bewegenden Thema also! Sicher ist, daß ich mich hier nicht in einem „abstrakt"-religiösen Bereich bewege, sondern inmitten meiner tagtäglichen Konfrontation mit Schmerz und Leid, selbst wenn ich mir nur die Nachrichten anschaue! Müssen eigentlich Nachrichten immer *schlechte* Nachrichten sein?

Doch auch Andachtsbilder mit Anregungen mystischer Art ließen sich denken! „Der Christ des einundzwanzigsten Jahrhunders wird ein mystischer sein, oder er wird gar nicht sein", lautet die Prognose des Religionsphilosophen Eugen *Biser* (Träger des Romano-*Guardini*-Preises 1997). Dieses Wort nach Karl *Rahner*, der gegen allzu große Kopflastigkeit (auch seine eigene?) wieder mystische Versenkung anempfiehlt, ist jedoch in unserer heutigen, nüchternen und aufgeklärten Zeit pragmatischer gemeint, als Christsein im Zeichen einer „Gotteskindschaft", als „Freund" Gottes! Freundschaft und Liebe, weniger Sünde und Schuld, sind die Botschaft von Jesus Christus an uns gemeinsame „Gotteskinder". Nicht mehr Christsein im Sinne von *Dostojewskis Schuld*bewußtsein – ... so groß ist die Freude Gottes, *„wenn er vom Himmel aus sieht, daß ein Sünder sich von ganzem Herzen zum Gebet vorbereitet"*, lautet die einfache, aber den ganzen tiefen Sinn des Christseins ausdrückende Erkenntnis der Bäuerin in „Der Idiot" (S. 233) –, sondern lebendiges, tätiges Miteinander, wie uns *Jesus* einfach vorgelebt hat!

Wer dieser Jesus Christus eigentlich war, war gerade im „Christus"-Jahr 1997 eine Frage, die die Aktualität, das spekulative Potential – weltweit kommen täglich vier neue Jesus-Bücher auf den Markt – und die nach wie vor spannende Brisanz dieser Figur erneut hervortreten läßt: *„Die Gestalt, die der westlichen Weltkultur den Namen und die Zeitrechnung gibt, steht dabei Milliarden von Menschen so frisch vor Augen, als hätte Johannes der Täufer sie eben erst vom Jordan zu uns geschickt"*, schreibt Roger *Tiede* in seinem Artikel „Der verfälschte Jesus" in der Zeitschrift Focus 14/1997, S.154–162: Seien es immer weitere „letzte Wege", „Splitter des Hinrichtungskreuzes" oder neue Schriftindizien, wird Jesus in der Pop-Musik besungen, in tausenden populärwissenschaftlichen Büchern mehr oder weniger „profitgierig" ausgedeutet, esoterisch verbrämt und beschimpft, in den Himmel gehoben und als unbedeutend hingestellt, starb er gar nicht am Kreuze, war er eigentlich Sozialrevolutionär und weniger Prediger; wie vielfach auch die „Attacken" sein mögen, war Jesus ein uneheliches Kind, ein Frauenheld, ein Betrüger ..., er bleibt ein „Stein des Anstoßes" im wahrsten Sinne des Wortes. Vielerlei Interessen stoßen sich an ihm an und ab, auch ins wissenschafliche „Verdienst"-Lager.

Intellektuelle Spekulationen über Jesus Christus und damit aber auch über *religio*, d.h. Bindung, Entscheidung für ein Leben zu *zweit*, nicht für unverbindlichen Spaß um jeden Preis!

Anregung zur andächtigen Auseinandersetzung im Zeichen ökumenischer Toleranz könnten die zwei folgenden Bilder in mystischer Tradition sein: **Bild Nr. 180** (aus „Christliche Bildmeditation" von A. *Rosenberg*, S. 75 f.) führt uns ein in die „Ordnung aller Dinge", des Kosmos, der Welt und des Menschen! Das Meditationsbild des Theosophen Jakob *Böhme* faßt seine Schrift „Signatura rerum" im Bild zusammen: Das Kreuz, das Zeichen des Menschensohnes, „signiert" alle Sphären der Schöpfung mit seinem „göttlichen Prägestempel". Dieser ist dargestellt als sternförmige, lichte Mitte einer Kosmos-

Bild Nr. 180

Kugel wie als Thron des Lammes im himmlischen Jerusalem. Christus ist der Grund- und Eckstein der Welt! „Geflügelt" – als „Seele" des Ganzen – schwebt darüber der urgöttliche Name, Gott-Vater, als alles überstrahlende Lichtheit, allgegenwärtig. Darunter, im Kosmos wirksam, „beflügelt" der flammende Hl. Geist die gesamte Schöpfung! Diese Ordnung führt das Leben aller Naturwesen. Christus als dunkler, in das Leiden, d.h. die Vergänglichkeit der Welt eingegangener Grundstein, ist durch die vertikale Kreuzachse mit dem Hl. Geist verbunden, wirkt mit ihm zusammen am Heil der Schöpfung in der „Auferstehung".

Auch der Mensch ist leiblich kreuzförmig gestaltet! Er steht im Zeichen ewiger Dreifaltigkeit, die es zu leben gilt. Ihm ist es als Abbild des Gottessohnes möglich, den Hl. Geist zu empfangen. Im Ausbreiten der Arme, der altchristlichen Gebetshaltung, ist die Sammlung, die Zentrierung aller Kräfte auf die „erlösende" Mitte symbolisiert, die aus aller Verhärtung und Ichbefangenheit in die geistige Haltung der Liebe und Hingabe an die ganze Welt, den ganzen Kosmos, letztendlich an Gott-Vater hinführt, den Menschen „auferstehen" läßt! Wie könnte eine solche „Auferstehung" ausschauen?

Gibt es noch Andacht?

Was sagt *mir* persönlich **Bild Nr. 181**? Auch auf diesem Bild (ebenfalls aus „Christliche Bildmeditation“, S. 63 f., einer Miniatur aus dem romanischen Zwiefaltener Codex Brev. 128, Blatt 10: das Lamm Gottes, von den vier Evangelisten, den vier Paradiesströmen und den vier Kardinaltugenden umgeben, Urtypus christlichen Mandalas!) haben wir eine geistliche Schau der Welt im Zeichen des Kreuzes: Nach allen Seiten ausströmend, fließen die Kräfte des göttlichen Herzens (Lamm Gottes) wieder zum Ursprung zurück, Weltrhythmus kreisförmiger Bewegung. Dieser Kreislauf göttlicher Gnade, Rückwendung von Leben, Liebe und Wille (mystische Tradition) ist auch im neuen „Blick“ des Menschen, in seinem „Christusblick“ gegenwärtig. Einem gewandelten Blick, der „gereinigt“ von bloßem Zerstreuenwollen, von gelangweilter Suche im Fernsehprogramm, „damit der Abend rumgeht“, wie ich oft höre, Wert legt auf „lichte“ Momente, auf eine lebensbe-

Bild Nr. 181

jahende und frohe Gemeinschaft mit seinen Mitmenschen, Nachbarn und Freunden.

Folgendes geht mir durch den Kopf:

Wir leben in einer gemeinsamen Welt mit einheitlichen Wünschen und Hoffnungen, weil wir alle Menschen, Geschöpfe Gottes sind. Ich fühle mich als Gott und seiner Welt verantwortetes Zentrum. Jeden Tag begehe ich unzählige kleine Handlungen, gebe Antworten, urteile und verurteile. Ich bin für meine Freunde und Andere ein oft nur kurzer Bezugspunkt. Ein gleichgültiges Abwinken meinerseits und eine zaghaft vorgebrachte Hoffnung zieht sich zurück. Wieder eine unbedachte, harte Antwort und eine schon kränkelnde Beziehung erkaltet. Eine reservierte, persönliche Haltung, obwohl ich doch immer von Freundlichkeit spreche, und ich werde vom Anderen endgültig innerlich „abgehakt". Alle meine Handlungen, Worte und Taten fließen zurück: als eisiges Klima, als aufgehobener, aber nicht vergessener Groll, als schwelender Brand. Wie aus heiterem Himmel brechen oft „Zufälle" auf mich herein. „Das hätte ich nie von ihm gedacht", sage ich dann. „Warum ist er jetzt plötzlich so komisch?" Habe ich es vielleicht bloß nicht wahrhaben wollen, daß ich gar nicht *sein* Bestes wollte, daß ich mich nur immer von neuem hinter meinen *eigenen* Wünschen versteckt habe? Mich nicht aufgeben und doch an den Anderen denken! Mit Menschen leben und doch nicht in Panik geraten, wenn Eigenes mißlingt! Nicht nur den *eigenen Sieg* im Auge haben, sondern sich gemeinsam freuen können! Töten geschieht spektakulär und lautlos. Auch *der* tötet, der immer wegschaut, der sich nie einmischt, der immer still hält, der immer von sich sagt: Ich bin ein guter Mensch! Vielleicht hält gerade für den der Teufel das letzte Plätzchen frei? Fühle ich mich wirklich wohl, wenn ich mit strahlendem Blick auf ein Gegenüber einrede, das meinen Erfolg nur als schmerzende Pfeilspitzen des eigenen, nicht so strahlenden Lebens empfinden kann. Der französische Schriftsteller Marcel *Proust* beschreibt in seinem Buch „Eine Liebe von Swann", wie wir uns den Anderen zurecht-illusionieren, als idealisierte Bühne unserer eigenen Lebensziele „benutzen": *„Die menschlichen Wesen sind uns gewöhnlich so gleichgültig, daß, wenn wir in eines von ihnen solche Möglichkeiten des Leidens und der Freude hineingelegt haben, es uns einer anderen Welt anzugehören scheint, sich mit Poesie umgibt und unser Leben zu einer tief bewegenden weiten Landschaft macht, in der es uns je nachdem näher oder ferner ist."* (S. 76). Doch *meine* Welt ist die *gemeinsame* Welt, *mein* Leben letztendlich das Leben *Aller*. Mit dem Älter-Werden spüre ich immer mehr, daß sich „Investitionen" der Liebe lohnen, daß es gar keine verlorene Zeit war, für den Anderen dazusein, freundliche Worte zu tauschen. „Alt werden will jeder, alt sein will keiner" heißt ein Spruch. Warum wohl? Vielleicht deshalb, weil wir später doch die „Rechnung" bekommen! Für unsere geleistete oder auch nicht erbrachte Zuwendung zum Anderen, zum Leben! Für nicht erbrachte Menschlichkeit, die jedoch ein „menschlicher Richter" in Schottland über eine angeklagte Ladendiebin „verhängte":

„Der schottische Richter Nigel Thomson verurteilte eine Ladendiebin zum Kuchenbacken. Ein halbes Jahr lang soll sie jeden Monat einen Kuchen, groß genug für 24 Rentner im Altersheim, backen. Das Urteil des Richters ist weise, weil es zum Nachdenken bringt über den Wunsch geliebt zu werden und die seltsamen Wege zu seiner Erfüllung. Es ist eine ästhetische Lösung, weil die Strafe sinnlich bleibt und der Tat verbunden. Auch lehrt sie uns die Häßlichkeit von Geld und Haftstrafen besser erkennen. Es ist ein Urteil, das uns heiter macht. Der ungewöhnliche Richter aus Edinburg hat die Weisheit, die Schönheit und die Heiterkeit der

Welt geringfügig vermehrt. Sagt das einer von dir oder mir, wir hätten gut Kuchen essen" (Dorothee *Sölle* im Pfarrbrief St. Magdalena, Ottobrunn, vom 4. Fastensonntag 1997).

Gibt es noch Andacht? war eine unserer Eingangsfragen! *„Hingebungsvolles Denken an die als gegenwärtig empfundene Gottheit ..."* – so unsere „Definition" von Andacht – vereinigt Hingabe und Denken in *einem* Moment. Hingabe kann heißen, sehend und hörend abzuwarten, was im eigenen Inneren zum Erklingen kommt und dies auszuhalten. Denken heißt nicht nur, alles zu analysieren, eine logische Antwort zu (er)finden, immer „einen Schritt voraus" zu sein: nicht reflexionsfrei, aber nicht ins Unendliche reflektierend, nicht gedankenlos, aber nicht rational „gerüstet", nicht im „mystisch-metaphysisch sich auflösenden Gefühlsbrei" verfangen, aber auch nicht im eiskalten Denken von „Gewinnmaximierung" Menschen und Welt taxierend! Gibt es dieses hingebungsvolle Denken heute? Wo liegen seine „Handlungsfelder"? Die Emmaus-Geschichte wiederholt sich tagtäglich, wenn Christus im Menschen sich der Flüchtlinge annimmt, wenn Toleranz den Andersdenkenden und Andersgläubigen in unserer immer „kleiner" werdenden Welt „annimmt" und respektiert, wenn sich im Rap-Gottesdienst Jugendliche austanzen, ohne daß sie ihre Ohrringe abnehmen müssen und es einfach „geil" finden, weil Gott sie liebt, ohne moralisierende Appelle. Kurz gesagt, wenn nicht Reichtum und Macht, sondern der *andere* Mensch in seiner globalen Würde und seinen Rechten als *wahr* genommen wird, wenn die „Ordnung der Dinge" eine „gerechte" ist und damit dem Wert verbunden bleibt, dem schon in der Wiege des Abendlandes, der griechisch-platonischen Philosophie, Frömmigkeit zugeordnet war!

Gibt es heute noch „Andacht"? Wenn tagtäglich die Stimme des Herzens gehört und trotzdem ein kühler Verstand bewahrt bleibt, wenn die riesigen Aufgaben unserer Tage mitmenschlich und brüderlich angegangen werden, wenn also die Gottheit als gegenwärtig empfunden und sie gegenwärtig *gemacht* wird, *dann gibt es Andacht!*

Literaturverzeichnis

Augustinus, Bekenntnisse, München 1982, 8.Aufl.

Barthel, Ernst, Die Welt als Spannung und Rhythmus, Köln 1928

Bauer, Robert, Bayerische Wallfahrt Altötting, München 1985, 3. Aufl.

Benjamin, Walter, Das Kunstwerk im Zeitalter seiner technischen Reproduzierbarkeit, Frankfurt/M. 1996, Einm. Sonderausgabe

Bernhard, Fritz und Fritz Glotzmann, Spitzenbilder, Dortmund 1979

Biermann, Georg, Madonnen. Meisterwerke der italienischen und nordischen Malerei, München, o. J.

Biser, Eugen, Der Freund. Annäherungen an Jesus, München 1989

Boehm, Gottfried, „Das Werk als Prozeß", in: W. Oelmüller (Hrsg.), Kolloquium Kunst und Philosophie 3. Das Kunstwerk, Paderborn 1983:326–359.

Dostojewski, F.M., Der Idiot, München 1958

Egenter, Richard, Das Edle und der Christ, Augsburg, 2. neubearb. Aufl., o. J.

Egenter, Richard, Die Aszese des Christen in der Welt, Ettal 1956

Egenter, Richard, Kitsch und Christenleben, Ettal 1958, 2. überarb. Aufl.

Egenter, Richard, Heiligenverehrung – Ballast oder Bedürfnis heutiger Spiritualität, St. Ottilien 1979

Engels, Mathias T., Das kleine Andachtsbild. Prägedrucke und Stanzspitzenbilder des 19. Jahrhunderts, Recklinghausen 1983

Gribl, Albrecht, Häusliche Andacht. Gegenwart des Heiligen in Stube und Haus. Ein historischer Abriß, Dachau 1994

Guardini, Romano, Kultbild und Andachtsbild, Würzburg, 2. Aufl., o. J.

Hildebrand, Dietrich von, Ethik, Stuttgart 1959

Hildebrand, Dietrich von, Sittlichkeit und ethische Werterkenntnis, Vallendar-Schönstatt 1982, 3. durchges. Aufl.

Höpgen, Peter, Kommunionerinnerungsbilder, Köln 1988 (Kölner Veröffentlichungen zur Religionsgeschichte, Band 17)

Hörwarter, Georg, Ein Bildchen zum Schenken. Kleine Kulturgeschichte des Andachts- und Wallfahrtsbildchens, Meran 1986

Hümmeler, Hans, Helden und Heilige, Siegburg 1954

Johannes Paul II., Geschenk und Geheimnis. Zum 50. Jahr meiner Priesterweihe, Graz 1997

Katechismus der katholischen Kirche, München 1993

Kunz, Hannelore, „Altöttinger Wallfahrtsbilder". Aus der Sammlung Kriss im Bayerischen Nationalmuseum, in: Ostbairische Grenzmarken. Passauer Jahrbuch für Geschichte, Kunst und Volkskunde, Passau 1979, S. 54–65.

Luther, Gisela, Sinnlichkeit und Heilserwartung. Lucas Cranachs Mariahilfbild und dessen Rezeption im kleinen Andachtsbild und Bildvotiv, Marburg/Lahn 1981 (Diss.)

Oelmüller, W. (Hrsg.), Kolloquium Kunst und Philosophie, 3. Das Kunstwerk, Paderborn 1983

Osten, Roman, Das kleine Andachtsbild, München 1988

Platon, „Euthyphron"

Proust, Marcel, Eine Liebe von Swann, Frankfurt 1959

Ratzinger, Joseph, Kardinal, Das Salz der Erde, Stuttgart 1996

Rosenberg, Alfons, Christliche Bildmeditation, München 1975

Schade, Karl, Andachtsbild. Die Geschichte eines kunsthistorischen Begriffs, Weimar 1996, Magisterarbeit

Schmidt, Heinrich und Margarethe, Die vergessene Bildsprache christlicher Kunst. Ein Führer zum Verständnis der Tier-, Engel- und Mariensymbolik, München 1982, 2. durchges. u. erweiterte Aufl.

Spamer, Adolf, Das kleine Andachtsbild, München 1930
Stierle, Karlheinz: Die Absolutheit des Ästhetischen und seine Geschichtlichkeit, in: W. Oelmüller (Hrsg.)., a. a. O., S. 231–282.
Wiebel-Fanderl, Oliva, Die Wallfahrt Altötting. Kultformen und Wallfahrtsleben im 19. Jahrhundert, Passau 1982

Bild- und Quellenhinweise:

Umschlagseite vorne, linkes Bild: Sieger Köder, Ihre Kinder wird man auf den Knien schaukeln (Jes 66), Rottenburger Kunstverlag VER SACRUM, Best.Nr. 873 D, rechtes Bild: Primizbildchen vom Jahre 1884, Stanzspitzenbild ohne weitere Angaben,
Umschlagseite hinten: Schmetterlingsreliquiar, Foto Achim Bunz, Diözesanmuseum Regensburg, Seelsorgeamt Regensburg 1996, Best.Nr. 3–96 mit Text
Bild Nr.1 a: Stanzspitzenbild des französischen Verlegers Bouasse-Lebel, Paris
Bild Nr. 1b: „O Heiland, Reiss die Himmel auf", Beate Heinen, 1993, Kunstverlag ars liturgica, Maria Laach, Nr. 5499
Bild Nr. 1c: Madonna mit Kind auf Schwarzwalduhr, Nr. 606, mit freundlicher Genehmigung des Wuppertaler Uhrenmuseums

Dieses Buch verwendet u.a. Bildmaterial – genaue Bild- und Quellenangaben direkt im Text:

Mit frdl. Erlaubnis des Buch-Kunstverlages Ettal, Best.Nrn. 671, 639, 513, 4505, 9207, 382,
mit freundlicher Genehmigung der Josef Kral Verlagsdruckerei, Best.Nrn. 1296, 1397, 1495, 1295, 1297, 1196, 1197, 1697,
mit freundlicher Genehmigung des Beuroner Kunstverlags, der neben den abgedruckten Bildern Nr. 1761, 1635, 2121, 1671 eine große Auswahl von Andachtsbildern im Programm führt,
mit freundlicher Genehmigung des Kunstverlags Maria Laach, Best.Nrn. 5499, 7556, 7907,
mit freundlicher Genehmigung des Schwabenverlags, Best.Nr. 301,302, 309,
mit freundlicher Genehmigung des Rottenburger Kunstverlags Ver sacrum, Nrn. 771 D, 772 D, 780 D, 806 D, 817 D, 821 D, 822 D, 839 D, 313 D, 873 D,
mit freundlicher Genehmigung der peka Verlags-GmbH, D-82234 Weßling, Best.Nrn. 45/5, 20/59, 20/60, 18152, 30/20, 4/282, 20/254, 10/7, 10/8,
mit freundlicher Genehmigung des EOS-Verlags, D-86941 St. Ottilien
Bilder des Malers Emil Scheibe, Christus in den Drähten, VG Bild-Kunst, Bonn 1997, und Auferstehung, VG Bild-Kunst, Bonn 1997,
mit freundlicher Genehmigung von H. Eller, DDr. R. Bauer, des Augustinus-Verlags Würzburg, des TB Kunstverlags S. Schwojer GmbH, Gilching, von DDr. J. Schindler, G. Schraml, der Kirche in Not/Ostpriesterhilfe, des „Kunstmuseums Düsseldorf im Ehrenhof", der Herz-Jesu-Familie, der Claretiner-Missionare zu Würzburg, der Herlitz PBS Aktienges. zu Berlin.
Folgende Bilder sind aus dem Privatbesitz von Petra Goß: Bilder Nrn. 6, 7, 82, 107, 113-116, 117-120, 124, 125, 126, 127, 138, 147(laufende Text-Nrn.).
Bei den Bildern Nr. 16 und 17 (laufende Text-Nrn.) ist das Urheberrecht leider unbekannt.

Zum Buch

In der deutschen Mystik haben Nonnen und Klosterbrüder das kleine Andachtsbild ins Leben gerufen als Zeichen frommer Betrachtung und Besinnung.

Von der Frage „Was ist ein Andachtsbild?“ angestoßen, begann die Autorin nach Bildchen Ausschau zu halten. Zunehmend fasziniert von den vielfältigen Formen, der Farbenpracht und der liebevollen Ausstattung sammelte sie einen Schatz an Bildern.

Die Idee einer Veröffentlichung wurde für sie wichtig, weil sie entdeckte, daß gerade das Andachtsbild über die Jahrhunderte zeigt, wie wandlungsfähig das menschliche Herz seine Frömmigkeit ausdrücken kann.

Außerdem war es spannend zu sehen, wie gerade dieses Bild die kirchlichen und religiösen Möglichkeiten der jeweiligen Zeit zu erkennen gibt.

Das Ergebnis ihrer gewissenhaften Recherche: eine Dokumentation der geschichtlichen entwicklung und Problematik in Wort und Bild mit ca. 200 meist farbigen Abbildungen auf 112 Seiten, angefangen von wertvollen Stanzspitzenbildchen um die Jahrhundertwende über neueste fotografische Darstellungen alter Meister bis hin zu einem Ausblick auf moderne Formen zeitgenössischer Kunst- und Meditationsbilder.